Brigitte Bardot
Movie Poster Collection

ブリジット・バルドー
映画ポスター・コレクション
〜世界がB.B.に恋した時代〜

井上由一 編

はじめに

ヨーロッパ映画史上に燦然と輝くバルドー神話

映画スターの定義を変えた彼女の出現は事件となり、そして自由の象徴となった。
その貴重な証言者となる映画ポスターで振り返る、時代を超越したアイコンの軌跡──

　1952年のデビュー以来、ヨーロッパ映画史上類のない人気を誇り、B.B.（べべ）の愛称
で「世界の恋人」に。73年に映画界を引退した後、動物愛護活動家として現在も活動して
いる伝説の人、ブリジット・バルドー。バレエで鍛えたしなやかな肢体を持ち、飾り気の
ない服装に身を包み、長い髪を掻き分けながら素足で歩く。その強い意志を感じる瞳と
官能的な唇が醸し出す野性的エレガンスはスクリーンを超え、時代そのものを象徴する
存在となり、世界中のカルチャー・シーンやアーティスト、人々のライフスタイルにまで
多大な影響を与えました。まさに20世紀最高の"アイコン"となったバルドーは昨年9月に
90歳を迎え、その同時期には大規模なレトロスペクティブ「BB生誕90年祭」（キングレコ
ード配給）が日本で開催。連日映画館を沸かせ、「現代のB.B.旋風」が巻き起こりました。

　現代でも主要エンタテインメントの一つになんとか留まっている映画ですが、過去に
遡ると「映画＝娯楽の王様」として君臨していた時代が長く存在しました。その時代、バル
ドーをはじめオードリー・ヘプバーン、マリリン・モンロー、エリザベス・テーラー、イ
ングリッド・バーグマン、グレース・ケリー、ソフィア・ローレン、クラウディア・カルディ
ナーレ、カトリーヌ・ドヌーヴなど世界各国のスター出演作ポスターに関して、映画配
給会社やプロデューサーからデザイナーやイラストレーターに対する要求は日増しに大
きくなりました。なぜならポスターにデザインされた彼女たちの表情や仕草、豪奢でセク
シーな衣装などが観客動員に直接影響したからです。特に映画自体の出来が酷い場
合、ポスターと予告編をいかに魅力的に作り込み観客に訴えられるか、その宣伝ツールの
出来が興行成績を左右したのです。

　映画公開後は破棄されることが多いため、再び陽の目を見る機会が少ない映画ポスタ
ー。「映画の顔」ともいえるそれらポスターから映画史を顧みる本企画では、バルドーの魅
力を凝縮した傑作ポスター群をフランス、イタリア、日本、西ドイツを中心に、アメリカ、
イギリス、スペイン、東ドイツ、アルゼンチン、ベルギー、デンマーク、スウェーデン、ポー
ランド、フィンランド、オーストラリア、ユーゴスラビア、ロシア、ハンガリー、チェコ、ス
ロバキア、ルーマニアの計21か国から集めました。バルドーほど各国で違うアプローチ
のアートワークが展開されたスターはいません。各国トップクラスのポスター・アーティ
ストたちがバルドーを徹底的に宣伝するため、どのようにその腕を振るったのか？映
画ポスターというビジュアルアートの中で刻まれたバルドーの姿が、時代や国ごとにど
のように変化していったのか──その軌跡をたどることが本書の目的です。

Brigitte Bardot

　『この神聖なお転婆娘』『素直な悪女』（ともに1956）『可愛い悪魔』（58）『真実』（60）『私生活』（62）『軽蔑』（63）『ラムの大通り』（71）などの代表作は勿論のこと、『バベット戦争へ行く』（59）『何がなんでも首ったけ』（61）など、作品評価は低くともレパートリー豊かなアートワークを持つ作品についても、多くのページを割きました。各国アーティストによる魅惑のイラストレーション、大胆な写真コラージュなど世界中から厳選された傑作アートワークの数々を余すところなく掲載し、"世紀のアイコン"バルドーの魅力を皆様の心の中に永遠に留めたいと思います。観る者を幸せにするバルドー出演作のアートワークで埋めつくされた本書を手に取って頂くことで、映画が"夢の世界"だった時代を是非ご体感ください。

井上由一

1957年のカンヌ国際映画祭期間中、リラックスしたポーズを取るバルドー。50年代前半、無名だった彼女を一躍有名にしたのがカンヌ海辺でのフォトセッションだった（直筆サイン入り）。

TABLE OF CONTENTS

2 はじめに

第1章：映画女優バルドー誕生 1952-1956

7 素晴らしき遺産 *Le Trou normand*

8 ビキニの裸女 *Manina, la fille sans voiles*

10 野心家（原題）*Les dents longues* ／ 父親の肖像画（原題）*Le portrait de son père*

11 想い出 *Act of Love* ／ ヴェルサイユもし語りなば（原題）*Si Versailles m'était conté...*

12 裏切り（原題）*Tradita*

16 愛しのカロリーヌの息子（原題）*Le fils de Caroline chérie*

17 恋するオペラ *Futures Vedettes*

20 わたしのお医者さま *Doctor at Sea*

23 夜の騎士道 *Les Grandes manoeuvres*

24 わたしは夜を憎む *La lumière d'en face*

27 トロイのヘレン *Helen of Troy*

第2章：ヨーロッパ映画史上最高の女神 B.B. 降臨 1956-1959

29 この神聖なお転婆娘 *Cette sacrée gamine*

34 わが息子暴君ネロ *Mio figlio Nerone*

35 裸で御免なさい *En effeuillant la marguerite*

42 花嫁はあまりにも美しい *La Mariée est Trop Belle*

46 素直な悪女 *Et Dieu... créa la femme*

55 殿方ご免遊ばせ *Une parisienne*

64 月夜の宝石 *Les Bijoutiers du clair de lune*

70 可愛い悪魔 *En cas de malheur*

79 私の体に悪魔がいる *La Femme et le Pantin*

88 バベット戦争へ行く *Babette s'en va-t-en guerre*

96 気分を出してもう一度 *Voulez-vous danser avec moi?*

第3章：社会派、ヌーヴェル・ヴァーグ…キャリアの転換期 1960-1963

103 真実 *La vérité*

112 何がなんでも首ったけ *La Bride sur le Cou*

120 素晴らしき恋人たち *Amours célèbres*

126 私生活 *Vie privée*

134 戦士の休息 *Le Repos du Guerrier*

140 軽蔑 *Le Mépris*

148 **第4章："世界の恋人"の虚像、
そして映画界引退までのカウントダウン 1964-1973**

149 すてきなおバカさん　*Une ravissante idiote*

152 ビバ！マリア　*Viva María!*

157 ボクいかれたョ！　*Dear Brigitte*

160 セシルの歓び　*Two Weeks in September*

166 世にも怪奇な物語　*Histoires extraordinaires*

168 シャラコ　*Shalako*

170 今宵バルドーとともに　*Spécial Bardot*

171 女性たち　*Les Femmes*

174 気まぐれに愛して　*L'ours et la poupée*

177 パリは気まぐれ　*Les novices*

178 ラムの大通り　*Boulevard du Rhum*

182 華麗なる対決　*The Legend of Frenchie King*

184 ドンファン　*Don Juan ou Si Don Juan était une femme...*

186 スカートめくりのコリノのとても素敵なとても楽しい物語
　　L'Histoire très bonne et très joyeuse de Colinot Trousse-Chemise

188 アーティスト紹介

190 さいごに

凡例

作品について

日本題名　原題（合作の場合は国別に表記）

制作年／制作国名／本編時間／色彩／スクリーンサイズ／共演者／監督の順で記載。

※日本未公開作品に関しては原題の日本語訳の後に（原題）と表記。一部、テレビ放送やDVD発売時の題名に準じている。

ポスター紹介方法について

ポスター名称（日本語表記）/ デザイナー名（AD/AW：日本語表記）

ポスター国名＋名称（ローマ字表記）/ サイズ（縦cm×横cm）/ ポスター制作年 / デザイナー名(AW/AD: 原語表記) の順で記載。

※再公開（リバイバル上映）時のポスターはR-公開年で表記している。

※ADはアート・ディレクション（デザイン統括）、AWはアートワーク（イラストレーションやレイアウト担当）の略称。

※ADやAWの記載がないものは、不明のもの。

表記に関して

※映画題名は『』、書名・雑誌名・新聞名・戯曲名などは「」で統一している。

※本書に記載したスタッフ、キャスト、デザイナーなどの人名表記は敬称略とさせて頂きました。

Chapter 1
1952-1956

第1章：映画女優バルドー誕生
1952-1956

　プロのバレリーナを目指しながら、ファッション誌「ELLE」のカバーガールを経て1952年、『素晴らしき遺産』でフランス映画界にスクリーンデビュー。同年、出演2作目となる『ビキニの裸女』のポスターからは、早くも彼女のカリスマ性が見て取れる（P8）。アメリカ映画への出演やフランスの先輩スターたちとの共演作を重ねながらも、脇役のためポスターデザイン上は地味な扱いだった。これら端役時代の作品は50年代後半にバルドー人気が最高潮になったタイミングで続々と世界各国で公開。ポスター上ではあたかもバルドー主演作のように宣伝された。イタリアとの合作映画『裏切り』（1954）出演時から「新進スター、バルドー」の存在がポスターデザインにおいても、本格的に機能し始める。

『ビキニの裸女』
ベルギー版
BELGIUM / 51×36 / 1952

素晴らしき遺産
Le Trou normand

1952年／フランス／85分／モノクロ／スタンダード
共演：ブールヴィル、ジャヌ・マルカン
監督：ジャン・ボワイエ

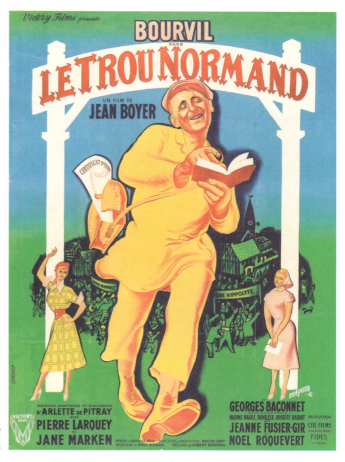

フランス版グランデ / AW：ルネ・ペロン
FRANCE - Grande / 160×120 / 1952 /
AW: René Péron

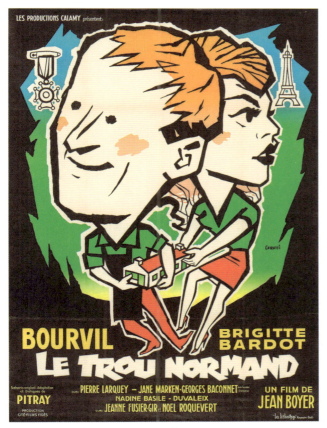

フランス版モワイエン / AW：セルッチ
FRANCE - Moyenne / 80×60 / R-1960 / AW: Cerutti
※再公開時には主演のブールヴィルと同格のビリング（出演者のクレジット順列）で宣伝された。

ベルギー版
BELGIUM / 55×36 / R-1960

Chapter 1 1952-1956　7

ビキニの裸女
Manina, la fille sans voiles

1952年／フランス／86分／モノクロ／スタンダード
共演：ジャン＝フランソワ・カルヴェ、ハワード・ヴァーノン
監督：ウィリー・ロジェ

フランス版グランデ／AW：ギィ・ジェラール・ノエル
FRANCE - Grande / 160×120 / 1952 / AW: Guy Gérard Noël
※フランスでは地下鉄構内やバス停など大きなスペースでポスターを掲出することが多い。
そのため一畳分の面積に近い大型のグランデ（別称：メトロサイズ）が通常サイズとなる。

イタリア版 8 シート / AW：ロドルフォ・ガスパリ
ITALY - 8 Fogli / 199×278 / 1958 / AW: Rodolfo Gasparri
※バルドー人気が最高潮となった1958年に初公開されたイタリアでは超大型ポスターを制作。名手ガスパリにより横長フォーマットを駆使し、ダイナミックに表現されたバルドーの眩い肢体で大作並みの宣伝が行われた。

日本版半裁
JAPAN - Hansai / 73×52 / 1959
※半裁（ハンサイ）とは日本版の一般的なサイズでB2。のちに大蔵映画配給により3本立興行の1本として再上映された際、『壺と女』に題名変更された。

西ドイツ版 1 シート / AW：エルンスト・リッター
WEST GERMANY - 1 sheet / 84×58 / R-1962 /
AW: Ernst Litter
※本編中の宣伝用写真（スチール）からでなく再公開時のバルドー近影を使ってアートワークを制作。彼女の主演最新作として宣伝された。

Chapter 1 1952-1956

野心家（原題）
Les dents longues

1953年／フランス／105分／モノクロ／
スタンダード
共演：ダニエル・ドロルム、
　　　ジャン・シュヴリエ
監督：ダニエル・ジェラン（出演も）

フランス版グランデ／
AW：ギィ・ジェラール・ノエル
FRANCE - Grande ／ 160×120 ／
1953 ／ AW: Guy Gérard Noël
※本作の裁判所シーンでバルドーは当時の夫ロジェ・ヴァディムと共演した。

父親の肖像画（原題）
Le portrait de son père

1953年／フランス／86分／モノクロ／
スタンダード
共演：ジャン・リシャール、
　　　ミシェル・フィリッペ
監督：アンドレ・ベルトミュー

フランス版モワイエン
FRANCE - Moyenne ／
80×60 ／ 1953

想い出
Act of Love

1953年／アメリカ／108分／モノクロ／
スタンダード
共演：カーク・ダグラス、ダニー・ロバン
監督：アナトール・リトヴァク

アメリカ版1シート
USA - 1 sheet / 104×69 / 1953
※1（ワン）シートとは各国ポスターの標準的サイズを指した名称。

ヴェルサイユ
もし語りなば（原題）
Si Versailles m'était conté...

1954年／フランス／86分／モノクロ／
スタンダード
共演：ミシェル・オークレール、
　　　ジャン＝ルイ・バロー
監督：サシャ・ギトリ

ベルギー版
BELGIUM / 55×36 / 1954
※このオールスター大作で、駆け出しのバルドーは総勢33名分にもおよぶ出演者のビリングから漏れた。

Chapter 1 1952-1956　　11

裏切り（原題）
Tradita（伊）/ *Haine, Amour et Trahison*（仏）

1954年／イタリア・フランス／98分／モノクロ／スタンダード
共演：ルチア・ボゼー、ピエール・クレソワ
監督：マリオ・ボンナルド

イタリア版2シート / AW：ロドルフォ・ガスパリ
ITALY - 2 Fogli / 140×99 / 1954 / AW: Rodolfo Gasparri

イタリア版ロカンディーナ
ITALY - Locandina / 70×34 / R-1959
※映画館のチケット売り場やキヨスクなどで掲出されたコンパクトなサイズ。
上部の余白部分に上映劇場名や公開日情報が記入された。

西ドイツ版1シート
WEST GERMANY - 1 sheet / 84×58 / 1957

アルゼンチン版1シート
ARGENTINE - 1 sheet / 110×74 / 1959

フランス版グランデ
FRANCE - Grande / 160×120 / 1956

フランス版モワイエン / AW：ジャン・マッシ
FRANCE - Moyenne / 80×60 / 1956 / AW: Jean Mascii

愛しのカロリーヌの息子 (原題)
Le fils de Caroline chérie

1955年／フランス／105分／モノクロ／スタンダード
共演：ジャン＝クロード・パスカル、ソフィー・デマレ
監督：ジャン・ドヴェーヴル

フランス版グランデ／AW：ギィ・ジェラール・ノエル
FRANCE - Grande / 160×120 / 1955 / AW: Guy Gérard Noël
※ビリングでは3番目の扱いだったが、ビジュアル面で華のあったバルドーは
主演のごとくデザインされた。

恋するオペラ
Futures Vedettes

1955年／フランス／96分／モノクロ／スタンダード
共演：ジャン・マレー、イヴ・ロベール
監督：マルク・アレグレ

西ドイツ版1シート / AW：ブルーノ・レハク
WEST GERMANY - 1 sheet / 84×58 / 1955 / AW: Bruno Rehak

※ 50～70年代初頭まで西ドイツの映画ポスターデザイン界を牽引したレハクによるアートワーク。黒と赤系色を巧みに組み合わせ、主演2名が放つ恋の高揚感を引き立たせた。

イタリア版2シート / AW: イジニオ・ラルダニ
ITALY - 2 Fogli / 140×100 / 1957 / AW: Iginio Lardani

※セルジオ・レオーネによる通称「ドル3部作」（1964～66）におけるオープニングタイトル・デザインで有名になるラルダニがイラストレーター時代に手掛けたアートワーク。

恋するオペラ

イタリア版4シート / AW：イジニオ・ラルダニ
ITALY - 4 Fogli / 198×140 / 1957 / AW: Iginio Lardani

ベルギー版
BELGIUM / 55×36 / 1956

フランス版グランデ：スタイルA / AW：ルロー
FRANCE - Grande: style A / 160×120 / 1955 / AW: Lurot

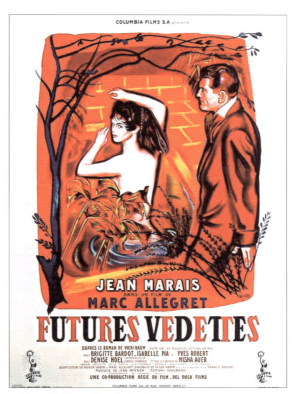

フランス版グランデ：スタイルB / AW：ルネ・ペロン
FRANCE - Grande: style B / 160×120 / 1955 / AW: René Péron

Chapter 1 1952-1956   19

わたしのお医者さま
Doctor at Sea

1955年／イギリス／90分／カラー／ヴィスタ
共演：ダーク・ボガード、ブレンダ・デ・バンジー
監督：ラルフ・トーマス

日本版半裁
JAPAN - Hansai / 73×52 / 1959

※当時日本では、主要都市のロードショー館掲出用にはインク発色が良く出る厚手のアート紙で、一般上映館用には安価な上質紙に印刷されることが多かった。本ポスターは後者のバージョン。

イギリス版トレード広告
UK - Trade AD / 24×36 / 1955

※イギリス業界内で本作の製作発表をするため、映画会社が業界誌「キネマトグラフ・ウィークリー」で本広告を展開した。

イギリス版クワッド
UK - Quad / 76×102 / 1955

※クワッドとはイギリス版の標準サイズで正式名称はクワッド・クラウン（Quad Crown）。イギリスの製紙業界での基本サイズ（15×20インチ）の4倍の大きさ（30×40インチ）であることから付けられた名称。ボガードとバルドーのイラストがまったく似ていないのはご愛敬。

Chapter 1 1952-1956　21

わたしのお医者さま

フランス版モワイエン / AW：ジョルジュ・アラール
FRANCE - Moyenne / 77×56 / 1956 / AW: Georges Allard

フランス版グランデ / AW：ジョルジュ・アラール
FRANCE - Grande / 160×120 / R-1960s / AW: Georges Allard

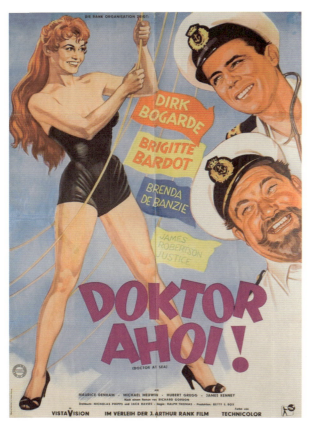

西ドイツ版1シート / AW：ボリス・ストライマン
WEST GERMANY - 1 sheet / 84×58 / 1956 /
AW: Boris Streimann

デンマーク版1シート / AW：ベニー・スティリング
DENMARK - 1 sheet / 85×62 / 1955 / AW: Benny Stilling

夜の騎士道
Les Grandes manoeuvres

1955年／フランス／108分／カラー／スタンダード
共演：ジェラール・フィリップ、ミシェル・モルガン
監督：ルネ・クレール

日本版立看／AW：野口久光
JAPAN - Tatekan / 146×52 / 1956 / AW: Hisamitsu Noguchi

※立看（タテカン）とは半裁を縦に2枚繋げたサイズ。街中の電柱などで掲出されたが、70年代中盤の道路交通法改正以降は掲出可能な場所が少なくなったため、制作されなくなった。

日本版半裁
JAPAN - Hansai / 73×52 / 1956

西ドイツ版1シート／AW：エーリッヒ・メーアヴァルト
WEST GERMANY - 1 sheet / 84×58 / 1956 / AW: Erich Meerwald

わたしは夜を憎む
La lumière d'en face

1955年／フランス／99分／モノクロ／スタンダード
共演：レイモン・ペルグラン、ロジェ・ピゴー
監督：ジョルジュ・ラコンブ

デンマーク版１シート
DENMARK - 1 sheet / 84×62 / 1956

日本版立看
JAPAN - Tatekan / 146×52 / 1956
※日本では本作公開時から「世界の恋人＝バルドー」を宣伝フレーズとして使用した。

フランス版グランデ / AW: クレマン・ユレル
FRANCE - Grande / 160×120 / 1955 / AW: Clément Hurel

西ドイツ版1シート / AW: フェリー・アールレ
WEST GERMANY - 1 sheet / 84×58 / 1956 / AW: Ferry Ahrlé

わたしは夜を憎む

イギリス版クワッド
UK - Quad / 76×102 / 1956

スウェーデン版1シート / AW:ウォルター・ビョルン
SWEDEN - 1 sheet / 100×70 / 1956 / AW: Walter Bjorne

アルゼンチン版1シート
ARGENTINE - 1 sheet / 105×69 / 1956

トロイのヘレン
Helen of Troy

1956年／アメリカ／118分／カラー／スコープ
共演：ロッサナ・ポデスタ、ジャック・セルナス
監督：ロバート・ワイズ

アメリカ版1シート／AW：グスタフ・レーベルガー
USA - 1 sheet／104×69／1956／AW: Gustav Rehberger

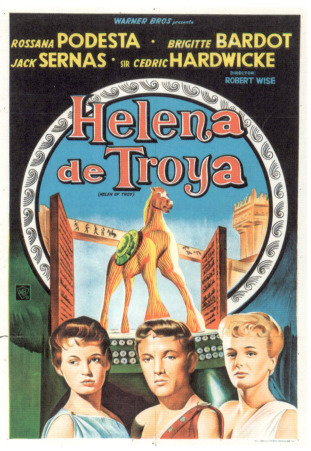

アルゼンチン版1シート
ARGENTINE - 1 sheet／110×74／1958

ベルギー版
BELGIUM／38×57／1956

Chapter 1 1952-1956

Chapter 2
1956-1959

第2章：ヨーロッパ映画史上最高の女神(ミューズ) B.B. 降臨 1956-1959

デビューから4年。コケティッシュな表情とバレエで鍛えたしなやかな肢体を武器に、それまでヨーロッパ映画界で前例のないセンセーショナルなスター "世界の恋人 B.B.（べべ）" が誕生した。彼女の魅力をいかにポスター上で宣伝するかが興行的成功のカギとなるため、横長・縦長フォーマットいっぱいにデザインされたバルドーのピンナップ・ポスターが世界各国で制作される事態になった。サム・レヴィンを筆頭に名だたるフォトグラファーからオファーが入り、次々とフォトセッションを敢行。そこで撮影されたポートレートは雑誌などで大々的に掲載され、映画ポスターデザインに流用されることも多かった。B.B. 旋風が世界的に巻き起こったこの時代、プライベートでは『素直な悪女』(56) での共演者ジャン＝ルイ・トランティニャンとの激しい愛を発端にしたロジェ・ヴァディムとの離婚、『バベット戦争へ行く』(59) で共演したジャック・シャリエとの結婚、そして出産を経験する中、マスコミからのバッシングやパパラッツィの執拗な撮影攻撃が日々、彼女に襲いかかる。

『この神聖なお転婆娘』
イタリア版4シート / AW: ダンテ・マンノ
ITALY – 4 Fogli / 198×140 / 1956 / AW: Dante Manno

この神聖なお転婆娘
Cette sacrée gamine

1956年／フランス／84分／カラー／スコープ
共演：ジャン・ブレトニエール、フランソワーズ・ファビアン
監督：ミシェル・ボワロン

日本版半裁
JAPAN - Hansai / 73×52 / 1958

※長年にわたるバルドーとのフォトセッションで有名な写真家、サム・レヴィン。
本ポスターはレヴィン撮影の宣伝用スチールをメインにデザインされた。

Chapter 2 1956-1959   29

日本版立看
JAPAN - Tatekan / 146×52 / 1958

※縦長構図の立看サイズ。フランス版パンタロン（P34など）と同様、主演スターの全身をデザインするには最適なフォーマットだった。こちらもサム・レヴィン撮影の写真素材でデザインされた。

ポーランド版 / AW：ヴォイチェフ・ザメチュニク
POLAND / 119×40 / 1958 / AW: Wojciech Zamecznik

※社会主義体制下のチェコやポーランド、ハンガリーなどは、ポスターデザインに関して政府の承認さえ取れば、デザイナーの裁量で大胆なデザインが可能だった。今日では映画ポスターの枠を超えた抽象的アート作品として高く評価されている。

この神聖なお転婆娘

フランス版グランデ /
AW：クレマン・ユレル
FRANCE - Grande /
160×120 / 1956 /
AW: Clément Hurel

デンマーク版 1 シート / AW：ベニー・スティリング
DENMARK - 1 sheet / 85×62 / 1956 / AW: Benny Stilling

西ドイツ版 2 シート / AW：ブルーノ・レハク
WEST GERMANY - 2 sheet / 84×119 / 1958 / AW: Bruno Rehak

Chapter 2 1956-1959   31

西ドイツ版 1 シート / AW：ブルーノ・レハク
WEST GERMANY - 1 sheet / 84×58 / 1958 / AW: Bruno Rehak

イタリア版 2 シート / AW：ロドルフォ・ガスパリ
ITALY - 2 Fogli / 140×99 / 1956 / AW: Rodolfo Gasparri

わが息子暴君ネロ
Mio figlio Nerone（伊）/ *Les week-ends de Néron*（仏）

1956年／イタリア・フランス／88分／カラー／スコープ
共演：アルベルト・ソルディ、ヴィットリオ・デ・シーカ
監督：ステーノ

イタリア版ロカンディーナ / AW：アルナルド・プッツ
ITALY - Locandina / 70×34 / 1956 / AW: Arnaldo Putzu

フランス版パンタロン /
AW：ジャック・ボノー
FRANCE - Pantalon / 210×80 / 1957 /
AW: Jacques Bonneaud
※ポスター形状がパンタロン（長ズボン）のように縦長なことから名付けられた。

裸で御免なさい
En effeuillant la marguerite(仏) / *Miss spogliarello*(伊)

1956年／フランス・イタリア／102分／モノクロ／スタンダード
共演：ダニエル・ジェラン、ロベール・イルシュ
監督：マルク・アレグレ

東ドイツ版1シート / AW：ローダー・グルッペ
EAST GERMANY - 1 sheet / 82×58 / 1963 / AW: Roeder Gruppe
※コケティッシュなバルドーのイラストが愉しい一枚。東ドイツでは主演スターを漫画化してデザインする傾向が強かった。

Chapter 2 1956-1959

フランス版グランデ / AW：クレマン・ユレル
FRANCE - Grande / 160×120 / 1956 / AW: Clément Hurel

裸で御免なさい

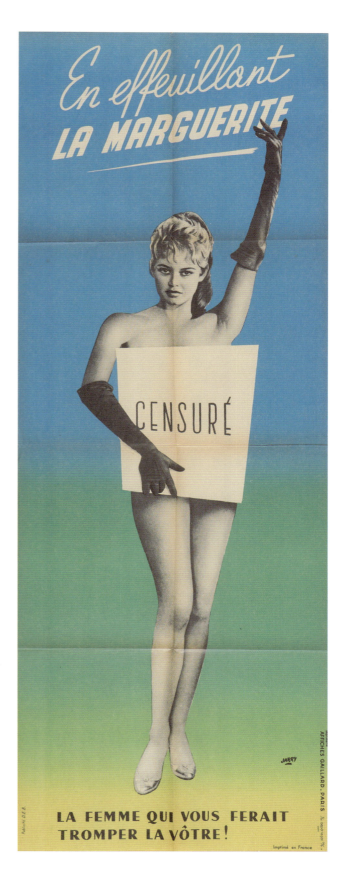

フランス版パンタロン：スタイルA＆B ／ AW：ジャリー
FRANCE - Pantalon: style A & B ／ 158×60 ／ 1956 ／ AW: Jarry
※右のポスターでは「検閲」のボードで自主規制された。

Chapter 2 1956-1959   37

フランス版スペシャル
FRANCE – Special / 62×30 / 1956

日本版半裁
JAPAN - Hansai / 73×52 / 1959

日本版プレスシート
JAPAN - Press Sheet / 52×24 / 1959

※プレスシートとは裏面が作品解説となっているマスコミ配布用資料。映画館ではミニポスターとして掲出された。

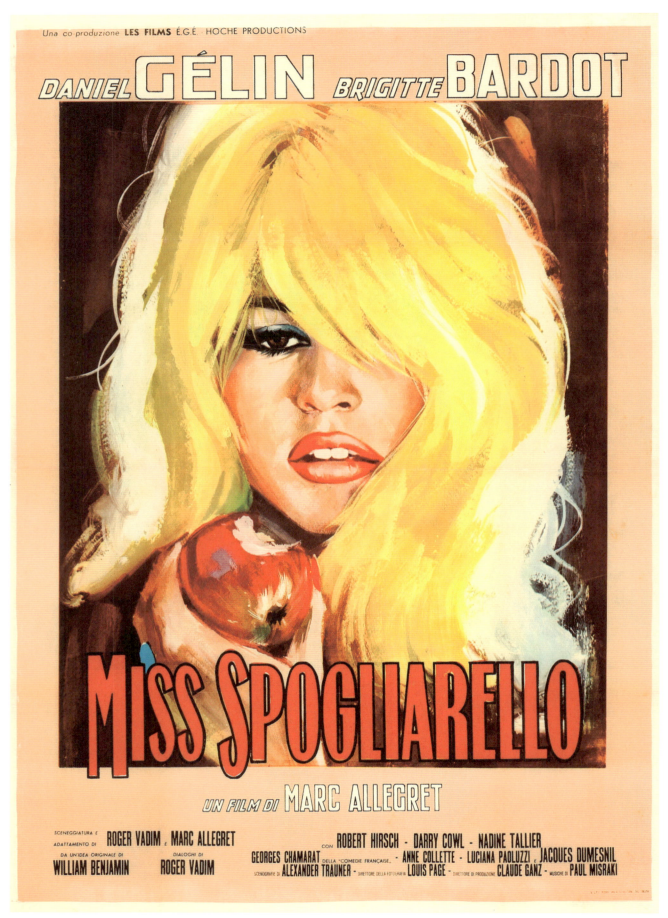

イタリア版2シート
ITALY - 2 Fogli / 140×99 / 1957

西ドイツ版 1 シート
WEST GERMANY - 1 sheet / 84×58 / 1957

西ドイツ版 1 シート / AW：ケデ
WEST GERMANY - 1 sheet / 84×59 / R-1962 / AW: Kede

アメリカ版 1 シート
USA - 1 sheet / 104×69 / 1957

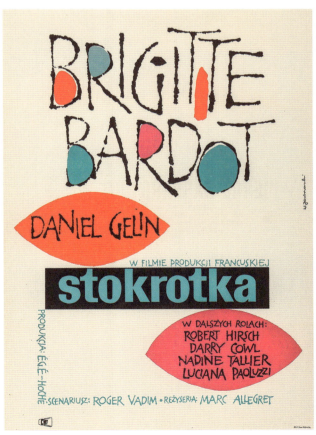

ポーランド版 1 シート / AW：ウワディスワフ・ジャニシェフスキ
POLAND - 1 sheet / 84×59 / 1957 / AW: Wladyslaw Janiszewski

花嫁はあまりにも美しい
La Mariée est Trop Belle

1956年／フランス／95分／モノクロ／スタンダード
共演：ルイ・ジュールダン、ミシュリーヌ・プレール
監督：ピエール・ガスパール＝ユイ

フランス版プティ / AW：アンドレ・ベルトラン
FRANCE - Petit / 60×39 / 1956 / AW: Andre Bertrand
※フランスでは映画館窓口や売店ウィンドウでの掲出用に小さめサイズ（プティ）が制作されており、現代でもその習慣は残っている。

フランス版 4 パネル / AW：レイモン・ブレノー
FRANCE - 4 Panels / 240×320 / 1956 / AW: Raymond Brenot
※『裸で御免なさい』本編中に登場したストリップ・コンテスト募集ポスターのイラストを担当したブレノーによるバルドーのピンナップ。

Chapter 2 1956-1959

西ドイツ版1シート / AW：グラセ
WEST GERMANY - 1 sheet / 84×58 / 1957 / AW: Glathe

イタリア版ロカンディーナ
ITALY - Locandina / 70×34 / 1958

イタリア版 2 シート
ITALY - 2 Fogli / 140×99 / 1958

デンマーク版 1 シート / AW：ベニー・スティリング
DENMARK - 1 sheet / 85×62 / 1956 / AW: Benny Stilling

素直な悪女
Et Dieu... créa la femme

1956年／フランス／95分／カラー／スコープ
共演：クルト・ユルゲンス、ジャン＝ルイ・トランティニャン
監督：ロジェ・ヴァディム

フランス版グランデ／AW：ルネ・ペロン
FRANCE - Grande / 160×120 / 1956 / AW: René Péron

※助監督やシナリオライターとして活動していたヴァディム、28歳での監督デビュー作。まずアメリカで大ヒットを記録し、海外配給権を獲得したコロンビア映画配給により世界各国で公開されセンセーショナルな話題を振りまいた。登場人物のセリフ回しやロケーション撮影など、ヌーヴェル・ヴァーグの先駆的作品との見方もされる。

フランス版ロビーカード8枚セット
FRANCE - Lobby Card: set of 8 / 28×36 / 1956

※ロビーカードとは映画館のロビー内外で飾られる宣材。映画の主要場面がデザインされ、観客に作品内容を視覚的に説明する役割を果たした。
国によって枚数やサイズは異なるが、フランスでは中規模以上の公開時、8枚組を1セットにしてAとBの2種類が制作された。

日本版半裁 / AW：中西太郎
JAPAN - Hansai / 73×52 / 1957 / AW: Taro Nakanishi
※当時のコロムビア映画宣伝部チーフデザイナーだった中西太郎によるデザイン。

素直な悪女

ベルギー版
BELGIUM / 38×57 / 1956

アメリカ版ハーフシート
USA - Half sheet / 56×71 / 1957

※アメリカでは公開規模や宣伝予算によって、多様なサイズの宣伝用ポスターが制作された。基本となる1シートの横1/2となるハーフシート、縦1/2のインサート、3倍の3シート、6倍の6シート、最大では24倍の24シートなど。サイズによってデザインが異なることも多かった。

イタリア版 2 シート
ITALY - 2 Fogli / 140×99 / 1956

イタリア版4シート / AW：サンドロ・シメオーニ
ITALY - 4 Fogli / 198×140 / 1956 / AW: Sandro Symeoni

フィンランド版 / AW：エンゲル
FINLAND / 60×40 / 1957 / AW: Engel

オーストラリア版デイビル
AUSTRALIA - Daybill / 77×34 / 1956

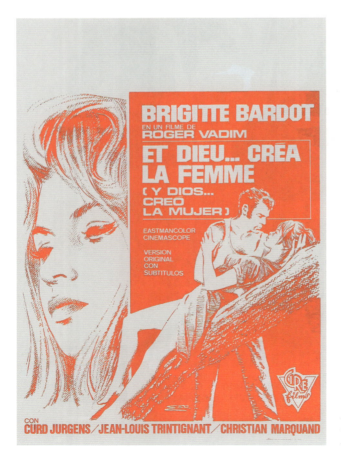

スペイン版1シート /
AW：カルロス・エスコバル
SPAIN - 1 sheet / 100×70 / 1971 /
AW: Carlos Escobar

素直な悪女

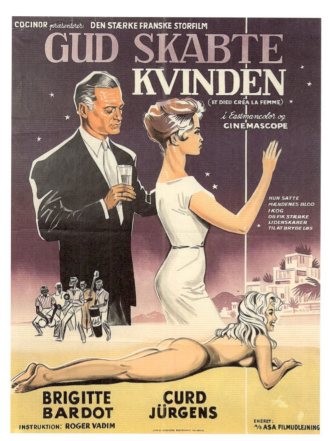

デンマーク版1シート
DENMARK - 1 sheet / 85×62 / 1957

西ドイツ版1シート / AW：ブルーノ・レハク
WEST GERMANY - 1 sheet / 84×58 / 1957 / AW: Bruno Rehak

西ドイツ版2シート / AW：ブルーノ・レハク
WEST GERMANY - 2 sheet / 84×119 / 1957 / AW: Bruno Rehak

Chapter 2 1956-1959   53

素直な悪女

※バルドーのメロウな表情とレタリング（文字）の見事な配置バランス。一度見たら忘れられないバルドー映画ポスターの決定版。

西ドイツ版 1 シート / AW：ルッツ・ペルツァー
WEST GERMANY - 1 sheet / 84×58 / R-1963 / AW: Lutz Peltzer

殿方ご免遊ばせ
Une parisienne（仏）/ *Una parigina*（伊）

1957年／フランス・イタリア／88分／カラー／スタンダード
共演：シャルル・ボワイエ、アンリ・ヴィダル
監督：ミシェル・ボワロン

フランス版グランデ：スタイルB / AW：ジャン・マッシ
FRANCE - Grande: style B / 160×120 / 1957 / AW: Jean Mascii

フランス版グランデ:スタイルA / AW: リナルド・ゲレン&フートー&ルネ・フェラッチ
FRANCE - Grande: style A / 160×120 / 1957 / AW: Rinaldo Geleng & Fouteau & René Ferracci

日本版半裁：スタイルA / AD：野口久光
JAPAN - Hansai: style A / 73×52 / 1957 / AD: Hisamitsu Noguchi

※当時、ヨーロッパ映画配給会社の雄だった東和。その宣伝部でイラストの腕をふるっていたのが野口久光。題字（作品ロゴ）とレタリングを含めたアート・ディレクションは彼の担当だが、イラストは本国版（P56）が流用された。

JAPAN - Hansai: style B / 73×52 / 1957

日本版立看
JAPAN - Tatekan / 146×52 / 1957

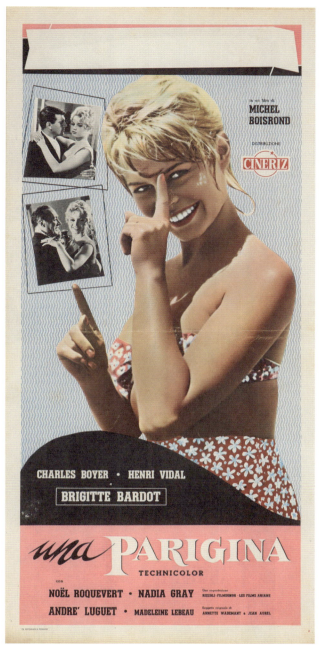

イタリア版ロカンディーナ
ITALY - Locandina / 70×34 / 1958

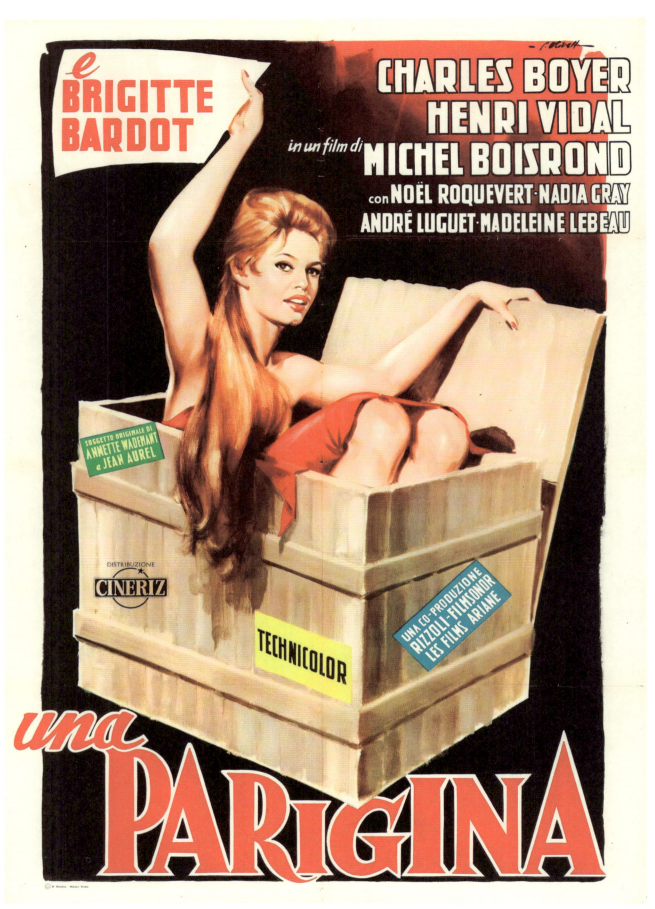

ITALY - 2 Fogli / 140×99 / 1958 / AW: Giorgio Olivetti

殿方ご免遊ばせ

イタリア版4シート / AW：ジョルジオ・オリベッティ
ITALY - 4 Fogli / 198×140 / 1958 / AW: Giorgio Olivetti

Chapter 2 1956-1959

アメリカ版 1 シート
USA - 1 sheet / 104×69 / 1958

※ヨーロッパ映画のアメリカ公開用ポスターは、マスコミ評や受賞歴などの文字要素がスペースの大半を占める単色かつ地味なデザインが多いが、バルドー作品はフォトジェニックな魅力が備わったポスターが多く、コレクター人気も高い。

スペイン版1シート / AW:フランシスコ・フェルナンデス＝サルサ・ペレス（ジャノ）
SPAIN - 1 sheet / 98×67 / 1963 / AW: Francisco Fernández-Zarza Pérez (Jano)

月夜の宝石
Les Bijoutiers du clair de lune（仏）/ *Gli amanti del chiaro di luna*（伊）

1958年／フランス・イタリア／95分／カラー／スコープ
共演：スティーヴン・ボイド、アリダ・ヴァリ
監督：ロジェ・ヴァディム

フランス版グランデ：スタイルA / AW：ジョルジュ・ケルフィゼ
FRANCE - Grande: style A / 160×120 / 1958 / AW: Georges Kerfyser

フランス版グランデ：スタイルB / AW：ボリス・グリンソン
FRANCE - Grande: style B / 160×120 / 1958 / AW: Boris Grinsson

イタリア版 2 シート / AW：サンドロ・シメオーニ
ITALY - 2 Fogli / 140×99 / 1958 / AW: Sandro Symeoni

月夜の宝石

イタリア版4シート / AW：エルコーレ・ブリーニ
ITALY - 4 Fogli / 198×140 / 1958 / AW: Ercole Brini

日本版半裁 / AW：中西太郎
JAPAN - Hansai / 73×52 / 1958 / AW: Taro Nakanishi

デンマーク版1シート / AW：ガストン
DENMARK - 1 sheet / 85×62 / 1958 / AW: Gaston

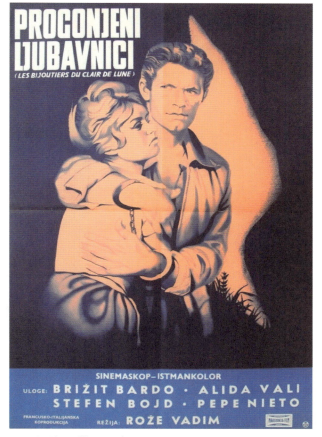

ユーゴスラビア版1シート
YUGO - 1 sheet / 70×48 / 1958

Chapter 2 1956-1959　67

アメリカ版タイトルカード
USA - Title Card / 28×36 / 1958
※タイトルカードとはロビーカードの1種で、本作ではハーフシートと同じデザインが採用された。

イギリス版クワッド
UK - Quad / 76×102 / 1958
※背景に大きくレイアウトされた「BARDOT」の文字。彼女のスターバリューがどれだけ大きかったかが伺い知れる。

西ドイツ版 1 シート / AW：エルンスト・リッター
WEST GERMANY - 1 sheet / 84×58 / 1958 / AW: Ernst Litter

可愛い悪魔
En cas de malheur（仏）/ *La ragazza del peccato*（伊）

1958年／フランス・イタリア／122分／モノクロ／ヨーロピアン・ヴィスタ
共演：ジャン・ギャバン、エドウィジュ・フィエール
監督：クロード・オータン＝ララ

日本版キングサイズ
JAPAN - King size ／ 155×95 ／ 1959

※キングサイズとは半裁約4枚分の大型サイズで掲出場所は上映劇場の外看板などに限られた。野外掲出を想定したため厚手紙に印刷されたが、公開終了時には損傷が激しくなり、破棄されることが多かった。そのため、現存数は極めて少ない。

日本版半裁：スタイルA / AW：野口久光
JAPAN - Hansai: style A / 73×52 / 1959 / AW: Hisamistu Noguchi

※共演者ジャン・ギャバンの顔を出さずに、バルドーの表情のアップと手書きのレタリングだけで勝負した一枚。本作が公開された59年頃から、洋画宣伝ポスターの世界では、スターの顔がしっかりポスターで分かるようにという興行（映画館）側からのリクエストに配給会社が応える形で、それまで主流の一つだったイラスト志向からスチール素材をレイアウトするデザインに大きく移行していく。

Chapter 2 1956-1959   71

日本版半裁：スタイルB
JAPAN - Hansai: style B / 73×52 / 1959

日本版半裁：スタイルC
JAPAN - Hansai: style C / 73×52 / 1959

日本版立看
JAPAN - Tatekan /
146×52 / 1959

西ドイツ版 1 シート：スタイル B / AW：ウィル・ウィリアムズ
WEST GERMANY - 1 sheet: style B / 84×58 / 1958 / AW: Will Williams

ITALY - 2 Fogli / 140×99 / 1958 / AW: Angelo Cesselon

イタリア版ロカンディーナ
ITALY - Locandina / 70×34 / 1958
※イタリア、フランス、西ドイツではアートワークの違いや、配給会社ロゴの形状、出演者ビリングの順列、印刷会社名などで初公開版と再公開版の違いを見分ける。

イタリア版ロカンディーナ
ITALY - Locandina / 70×34 / R-1960s

フランス版グランデ：スタイルA /
AW：ルネ・フェラッチ
FRANCE - Grande: style A /
160×120 / 1958 /
AW: René Ferracci

フランス版グランデ：スタイルB / AW：ルネ・フェラッチ
FRANCE - Grande: style B / 160×120 / 1958 / AW: René Ferracci

フランス版グランデ / AW：ルネ・フェラッチ
FRANCE - Grande / 160×120 / R-1969 / AW: René Ferracci

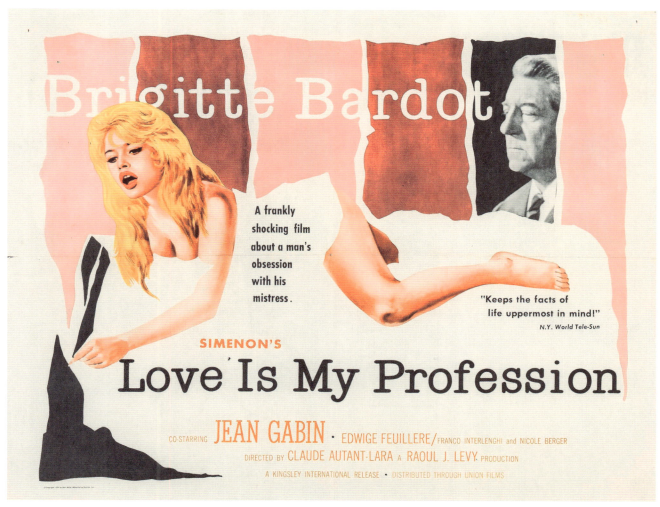

アメリカ版ハーフシート
USA - Half sheet / 56×71 / 1959
※本ページ下のロビーカードでのバルドーの顔に、身体のイラストを付け加えて完成させたアートワーク。

アメリカ版ロビーカード
USA - Lobby Card / 28×36 / 1959

可愛い悪魔

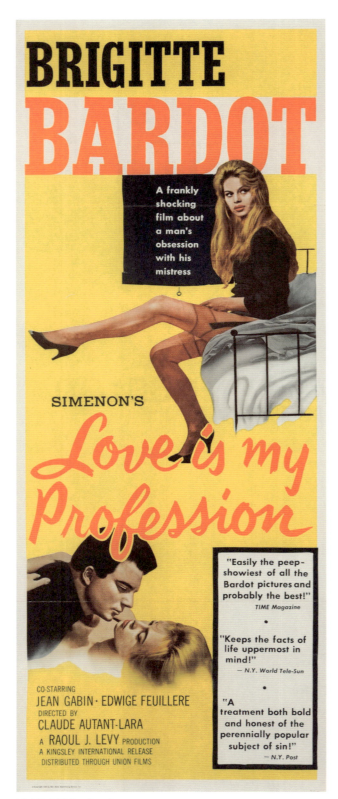

アメリカ版インサート
USA - Insert / 91×36 / 1959

西ドイツ版1シート：スタイルA / AW：ブルーノ・レハク
WEST GERMANY - 1 sheet: style A / 84×58 / 1958 /
AW: Bruno Rehak

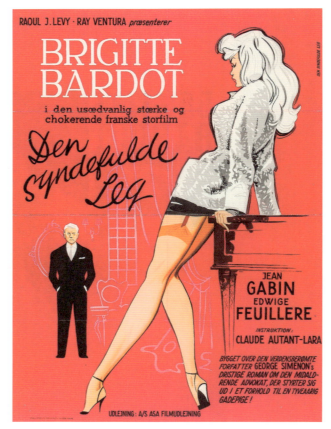

デンマーク版1シート
DENMARK - 1 sheet / 85×62 / 1959

私の体に悪魔がいる
La Femme et le Pantin (仏) / *Femmina* (伊)

1958年／フランス・イタリア／101分／カラー／スコープ
共演：アントニオ・ヴィラール、ダリオ・モレノ
監督：ジュリアン・デュヴィヴィエ

フランス版スペシャル / AW：アンドレ・ベルトラン
FRANCE - Special / 31×24 / 1959 / AW: Andre Bertrand

フランス版プティ / AW：イヴ・トス
FRANCE - Petit / 60×39 / 1959 / AW: Yves Thos

フランス版 2 パネル / AW：レイモン・ブレノー
FRANCE - 2 Panels / 160×240 / 1959 / AW: Raymond Brenot

イギリス版クワッド
UK - Quad / 76×102 / 1959

日本版半裁：スタイルA
JAPAN - Hansai: style A / 73×52 / 1959

日本版半裁：スタイルB
JAPAN - Hansai: style B / 73×52 / 1959

イタリア版ダブル・フォトブスタ
ITALY - Double Fotobusta / 94×66 / 1959

※フォトブスタとはイタリアの映画館掲出用に制作されたロビーカードとポスターを兼ねた宣材。B2に近い通常サイズと、B1に近い大型サイズ（ダブル）がある。写真家ロジェ・コルボーにより撮影されたバルドーの宣伝用スチールでデザインされた。

西ドイツ版1シート：スタイルA / AW：エルンスト・リッター
WEST GERMANY - 1 sheet: style A / 84×58 / 1959 / AW: Ernst Litter

※イタリア版（P84）で使用されたコルボー撮影のスチールを基にリッターがイラスト化。バルドーの服を漆黒にして背景に溶け込ませることで、本編のキャラクターが持つ「魔性」を平面上で表現した。

西ドイツ版 1 シート：スタイル B / AW：フェリー・アールレ
WEST GERMANY - 1 sheet: style B / 84×58 / 1959 / AW: Ferry Ahrlé

スウェーデン版 1 シート / AW：アンダース・ガルバーグ
SWEDEN - 1 sheet / 100×70 / 1959 / AW: Anders Gullberg

アメリカ版ハーフシート
USA - Half sheet / 56×71 / 1959

私の体に悪魔がいる

アメリカ版インサート
USA - Insert / 91×36 / 1959

アメリカ版1シート：別タイトル版
USA - 1 sheet: Other tiitle version / 104×69 / 1959

※『The Female（ある女性）』から『A Woman Like Satan（悪魔のような女）』への題名変更に伴い、ポスターも再印刷された。

アメリカ版1シート
USA - 1 sheet /
104×69 / 1959

Chapter 2 1956-1959　87

バベット戦争へ行く
Babette s'en va-t-en guerre

1959年／フランス／106分／カラー／スコープ
共演：ジャック・シャリエ、ハンネス・メッセマー
監督：クリスチャン＝ジャック

フランス版スペシャル：3枚セット / AW：ルフォール-オプノ
FRANCE - Special: Set of 3 / 79×39 / 1959 / AW: Lefor - Openo

※ルフォール-オプノはマリ・クレール・ルフォールとマリ・フィランシーヌ・オプノのユニット名。フランスの宝くじ（ロト）や選挙ポスターなど多岐ジャンルにわたってデザインを手掛けた。国旗のトリコロールに合わせた傑作アートワーク。

イタリア版4シート / AW：アルナルド・プッツ
ITALY - 4 Fogli / 198×140 / 1959 / AW: Arnaldo Putzu

日本版立看
JAPAN - Tatekan / 146×52 / 1959

アメリカ版インサート
USA - Insert / 91×36 / 1959

アメリカ版ハーフシート：スタイルA&B
USA - Half sheet: style A & B / 56×71 / 1959
※スタイルBではサム・レヴィン撮影によるバルドーのポートレートが使用された。

西ドイツ版 1 シート / AW：ブルーノ・レハク
WEST GERMANY - 1 sheet / 84×58 / 1959 / AW: Bruno Rehak

スペイン版1シート / AW:マルティ・ニポルド
SPAIN - 1 sheet / 98×67 / 1961 / AW: Marti Nipold
※サム・レヴィン撮影によるバルドーの宣伝用ポートレートを中心に据えて構成されたレイアウト。

ロシア版1シート / AW:ヤロスラフ・ニコラエヴィチ・マヌヒン
RUSSIA - 1 sheet / 100×63 / 1960 / AW: Yaroslav Nikolaevich Manukhin

※ロシアでは国有映画配給機関レクラムフィルム（モスクワ）により、国内外の映画が配給されていた。印刷枚数はポスター自体にクレジットされることが義務付けられ、本ポスターは当時51,000枚刷られたことが分かる。

バベット戦争へ行く

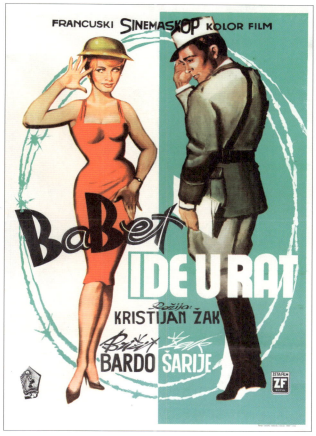

ユーゴスラビア版 1 シート
YUGO - 1 sheet / 70×50 / 1960

ハンガリー版 / AW：イムレ・ソモジャイ
HUNGARY / 59×42 / 1961 / AW: Imre Somorjai

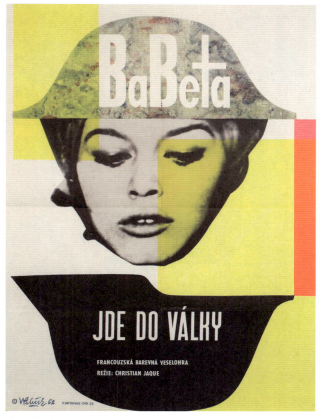

チェコ版 / AW：ウラジミール・ヴァーツラフ・パレチェク
CZECH / 41×29 / 1963 / AW: Vladimir Vaclav Palecek

Chapter 2 1956-1959　95

気分を出してもう一度
Voulez-vous danser avec moi?（仏）/ *Sexy Girl*（伊）

1959年／フランス・イタリア／91分／カラー／ヨーロピアン・ヴィスタ
共演：アンリ・ヴィダル、セルジュ・ゲンズブール
監督：ミシェル・ボワロン

日本版半裁
JAPAN - Hansai / 73×52 / 1961

フランス版モワイエン / AW: クレマン・ユレル
FRANCE - Moyenne / 80×58 / 1959 / AW: Clément Hurel

 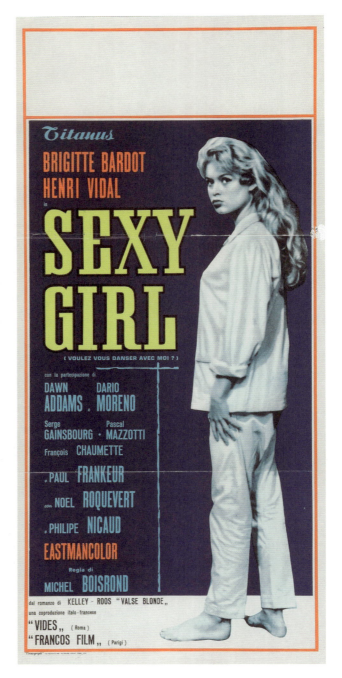

イタリア版ロカンディーナ：スタイルA&B / AW：マコ
ITALY - Locandina: style A & B / 70×33 / 1959 / AW: Mako

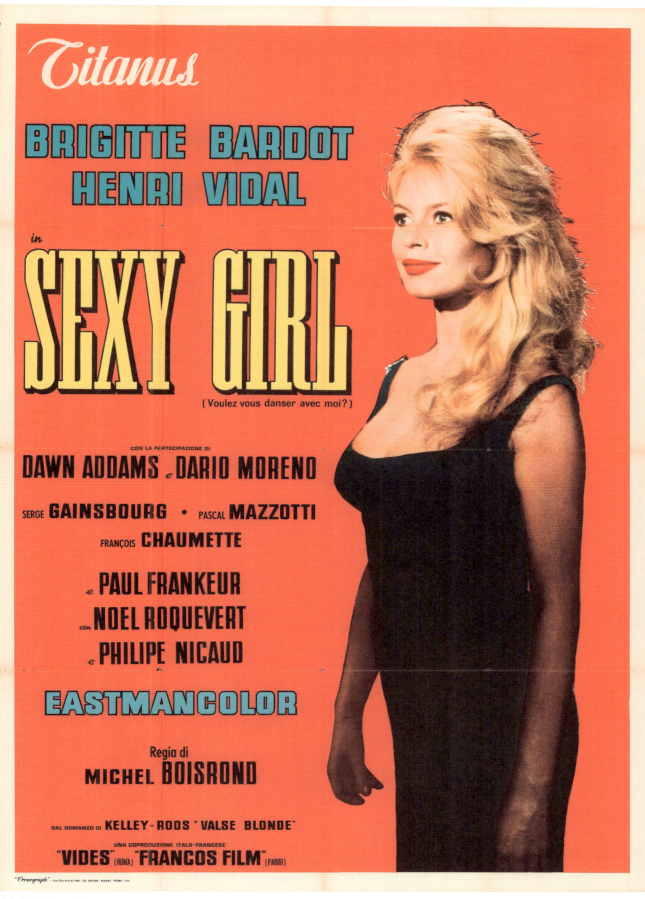

イタリア版２シート
ITALY - 2 Fogli / 140×99 / 1959

西ドイツ版 1 シート / AW：ブルーノ・レハク
WEST GERMANY - 1 sheet / 84×58 / 1959 / AW: Bruno Rehak

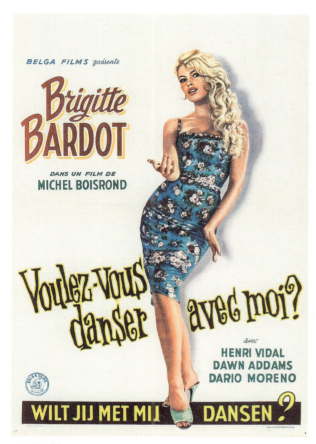

ベルギー版
BELGIUM / 55×36 / 1959

フィンランド版
FINLAND / 60×40 / 1960

スウェーデン版 1 シート / AW:ウォルター・ビョルン
SWEDEN - 1 sheet / 100×70 / 1960 / AW: Walter Bjorne

デンマーク版 1 シート
DENMARK - 1 sheet / 85×62 / 1959

Chapter 3
1960-1963

第3章：社会派、ヌーヴェル・ヴァーグ…キャリアの転換期 1960-1963

　精神的に不安定な日々を送りながらも、演技者としては成熟しつつあったバルドー。女優人生のキーポイントとなった心理サスペンス『真実』（1960）は、それまで女性の色気を最大の売り物にしていた彼女が演技に開眼する記念碑的作品となった。『何がなんでも首ったけ』『素晴らしき恋人たち』（ともに61）など従来通りの娯楽作に出演する一方、当時フランスで旋風を巻き起こしていたヌーヴェル・ヴァーグ作家とのコラボレーションも実現。ルイ・マルの『私生活』（62）ではスキャンダラスなバルドーの日常が映画設定に取り込まれ、彼女自身が抱える深刻なストレスやプレッシャーをスクリーン上に投影した野心作となり、「これが私の引退作」と語った。その後、宣言を撤回してジャン＝リュック・ゴダールの『軽蔑』（63）に出演。通俗的テーマを描きながらも大予算の芸術大作となったこの作品。映画とはまったく関係ないサム・レヴィンとのフォトセッション時のポートレートを基にしたフランス版アートワークは、後世まで語り継がれるバルドーの代名詞的な映画ポスターとなった（P141）。

『真実』
イタリア版2シート
ITALY - 2 Fogli / 140×99 / 1961

真実
La vérité（仏）/ La verità（伊）

1960年／フランス・イタリア／128分／モノクロ／ヨーロピアン・ヴィスタ
共演：サミー・フレイ、マリー＝ジョゼ・ナット
監督：アンリ＝ジョルジュ・クルーゾー

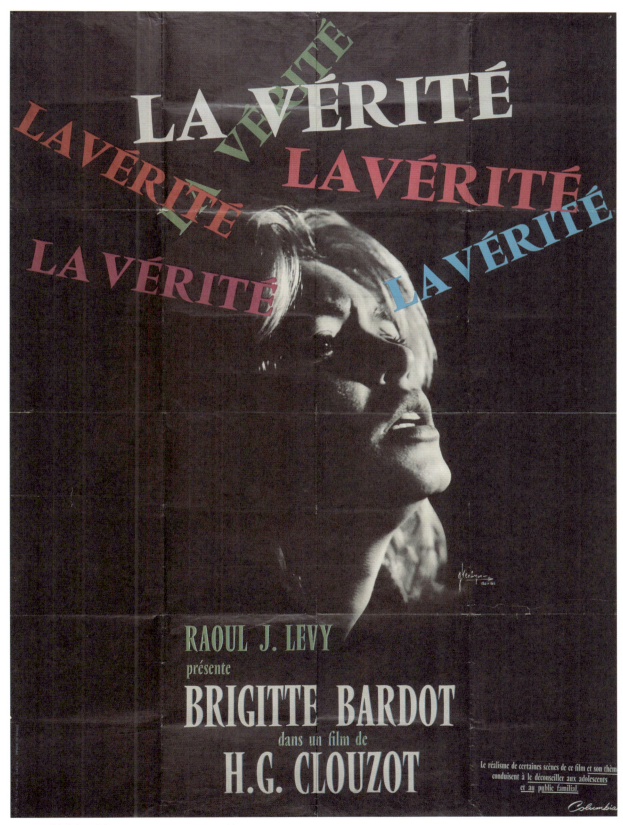

フランス版グランデ / AW：ジョルジュ・ケルフィゼ
FRANCE - Grande / 160×120 / 1960 / AW: Georges Kerfyser

※作品ロゴが6Cでデザインされた初公開版。市場に出回るポスターはロゴが2Cもしくは3Cで印刷された再公開版。この初公開版が市場に出てくることは、フランス国内においても稀だ。

日本版半裁 / AW：中西太郎
JAPAN - Hansai / 73×52 / 1961 / AW: Taro Nakanishi

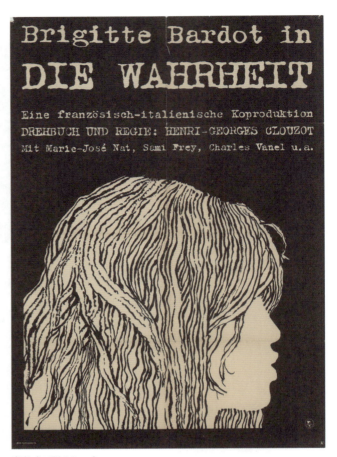

東ドイツ版1シート
EAST GERMANY - 1 sheet / 81×58 / 1970

イギリス版クワッド
UK - Quad / 76×102 / 1961

ポーランド版 1 シート / AW：マチェジ・ラドゥキ
POLAND - 1 sheet / 82×58 / 1962 / AW: Maciej Raduki
※題名『PRAWDA（真実）』のロゴ内に新聞記事をコラージュし、本作の重要なテーマとなる「事件性」を表現した。

Chapter 3 1960-1963

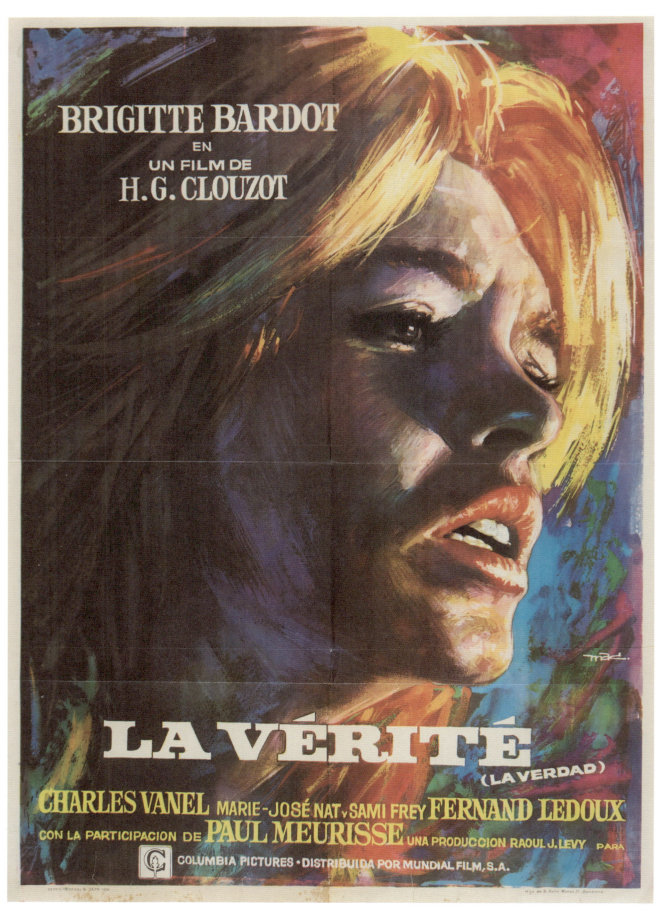

スペイン版1シート / AW：マカリオ・ゴメス・キブス（マック）
SPAIN - 1 sheet / 99×70 / 1970 / AW: Macario Gomez Quibus (Mac)

※スペインでは本国版（本作ではフランス版）アートワークを自国のアーティストが同じ構図で書き直してポスターにする傾向が強い。

西ドイツ版1シート：スタイルA
WEST GERMANY - 1 sheet: style A / 84×58 / 1960

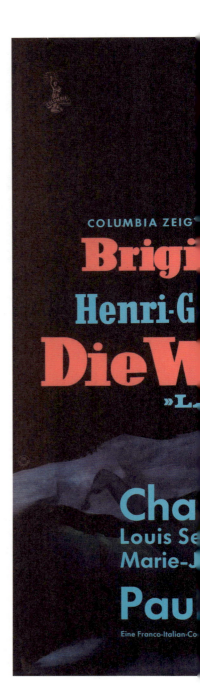

西ドイツ版1シート：スタイルB / AW：ロルフ・ゲッツェ
WEST GERMANY - 1 sheet: style B / 84×58 / 1960 / AW: Rolf Goetze

真実

西ドイツ版2シート / AW：ブルーノ・レハク
WEST GERMANY - 2 sheet / 84×119 / 1960 / AW: Bruno Rehak

Chapter 3 1960-1963

イタリア版フォトブスタ：10枚セット
ITALY - Fotobusta: Set of 10 / 47×67 / 1961

※フォトブスタは8〜10枚組で1セットが基本。作品の公開規模や宣伝予算で4〜12枚組が制作された。イタリアでは本作のようなモノクロ映画でも人工着色を施して、カラー作品のように宣伝されることが多かった。

イタリア版フォトブスタ:10枚セット
ITALY - Fotobusta: Set of 10 / 47×67 / 1961

何がなんでも首ったけ
La Bride sur le Cou（仏）/ *A briglia sciolta*（伊）

1961年／フランス・イタリア／85分／モノクロ／スコープ
共演：ミシェル・シュボール、ジャック・リベロル
監督：ロジェ・ヴァディム

日本版キングサイズ
JAPAN - King size / 155×95 / 1961
※サム・レヴィン撮影のポートレートをメインビジュアルに使用した。

日本版立看
JAPAN - Tatekan / 146×52 / 1961
※『月夜の宝石』公開時の宣伝用スチールが流用された。

日本版プレスシート
JAPAN - Press Sheet / 73×26 / 1961

フランス版モワイエン / AW: クレマン・ユレル
FRANCE - Moyenne / 79×58 / 1961 / AW: Clément Hurel
※重要な小道具となる猟銃とスキー板で空間構図を定め、レタリング配置で全体のバランスを見事に調和させた。

フランス版2パネル / AW: クレマン・ユレル
FRANCE - 2 Panels / 316×117 / 1961 / AW: Clément Hurel

※本編中、モデルに扮したバルドーの街頭宣伝用ポスターとしても登場したサム・レヴィン撮影によるピンナップ。

フランス版パンタロン / AW: クレマン・ユレル
FRANCE - Pantalon / 156×57 / 1961 / AW: Clément Hurel

西ドイツ版1シート / AW：ハンス・J・ルアーズ
WEST GERMANY - 1 sheet / 84×58 / 1963 / AW: Hans J. Luhrs

イタリア版4シート / AW：ピエロ・エルマンノ・イアイア
ITALY - 4 Fogli / 198×140 / 1961 / AW: Piero Ermanno Iaia

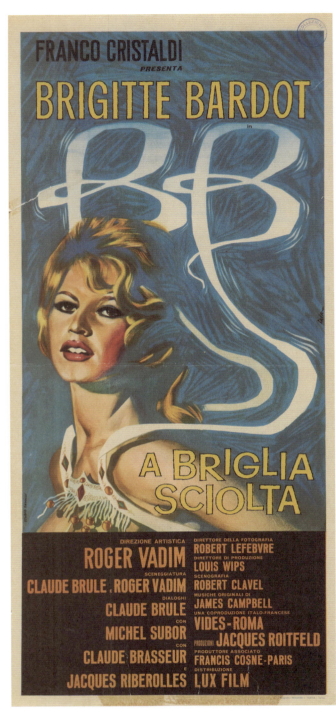

イタリア版ロカンディーナ / AW：ピエロ・エルマンノ・イアイア
ITALY - Locandina / 70×34 / 1961 / AW: Piero Ermanno Iaia

ベルギー版
BELGIUM / 53×36 / 1961

アメリカ版1シート
USA - 1 sheet / 104×69 / 1961

デンマーク版1シート
DENMARK - 1 sheet / 85×62 / 1961

アルゼンチン版1シート
ARGENTINE - 1 sheet / 110×74 / 1963

イギリス版クワッド / AW:トム・ウィリアム・シャントレル
UK - Quad / 76×102 / 1963 / AW: Tom William Chantrell

素晴らしき恋人たち
Amours célèbres（仏）/ *Amori celebri*（伊）

1961年／フランス・イタリア／130分／カラー／スコープ
共演：アラン・ドロン、ジャン＝ポール・ベルモンド
監督：ミシェル・ボワロン

日本版半裁
JAPAN - Hansai / 73×52 / 1962

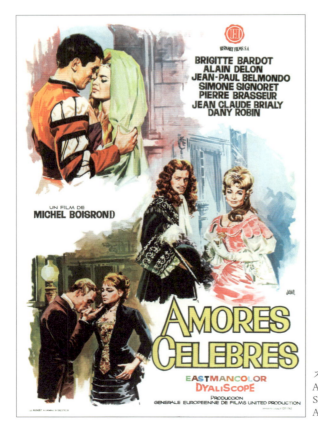

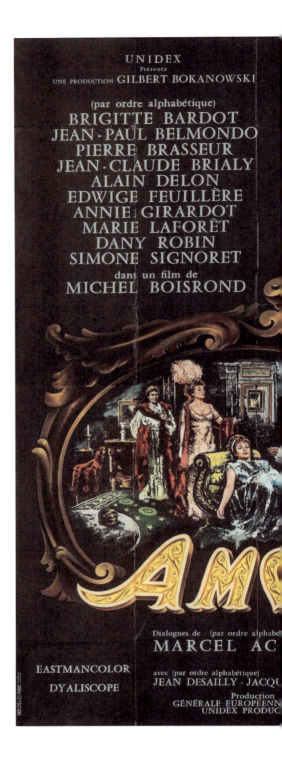

スペイン版1シート /
AW：フランシスコ・フェルナンデス＝サルサ・ペレス（ジャノ）
SPAIN - 1 sheet / 100×70 / 1963 /
AW: Francisco Fernández-Zarza Pérez (Jano)

フランス版4パネル / AW：ジャン・マッシ
FRANCE - 4 Panels / 230×310 / 1961 / AW: Jean Mascii
※若手スター共演の恋愛大作として宣伝するため、バルドーとその寝室をデザインの中心に据えた超大型ポスターがフランス国中で掲出され、大きな話題となった。

Chapter 3 1960-1963 121

イタリア版4シート：スタイルA / AW：ジュリアーノ・ニストリ
ITALY - 4 Fogli: style A / 198×140 / 1961 / AW: Giuliano Nistri

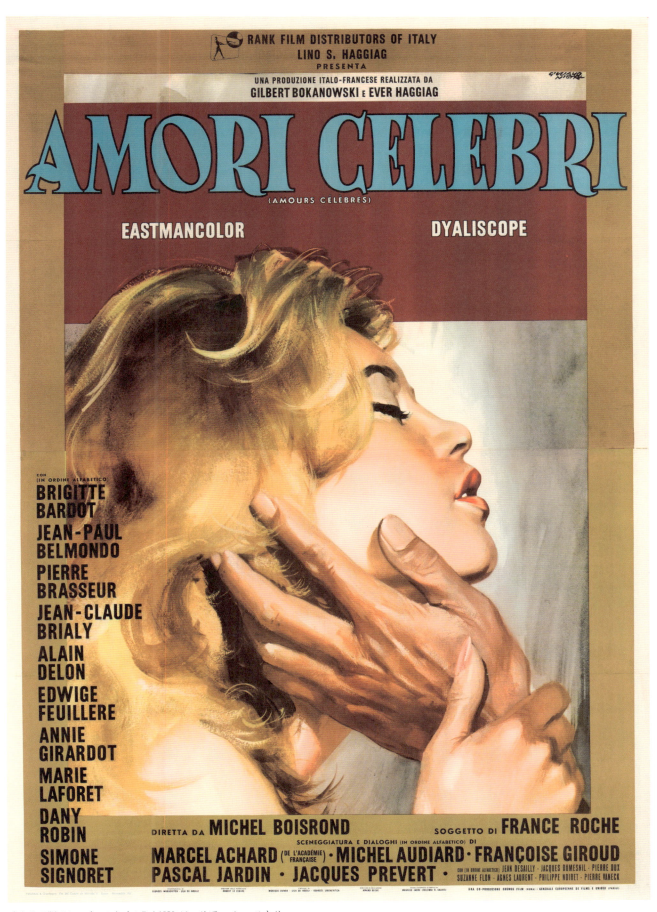

イタリア版 4 シート：スタイル B / AW：ジュリアーノ・ニストリ
ITALY - 4 Fogli: style B / 198×140 / 1961 / AW: Giuliano Nistri
※ 2シート（P124）とともに、バルドーだけでデザイン構成された。オールスターの出演者中、最も宣伝効果が高かったことが伺い知れる。

イタリア版 2 シート / AW：ジュリアーノ・ニストリ
ITALY - 2 Fogli / 140×99 / 1961 / AW: Giuliano Nistri

イタリア版ダブル・フォトブスタ：スタイルA＆B
ITALY - Double Fotobusta: style A & B / 94×66 / 1961

西ドイツ版2シート
WEST GERMANY - 2 sheet / 84×119 / 1962

私生活
Vie privée（仏）/ Vita privata（伊）

1962年／フランス・イタリア／103分／カラー／ヨーロピアン・ヴィスタ
共演：マルチェロ・マストロヤンニ、ジャン＝クロード・ブリアリ（ナレーション）
監督：ルイ・マル

フランス版グランデ / AW：ヴァンニ・ティアルディ
FRANCE - Grande / 160×120 / 1962 / AW: Vanni Tealdi

アメリカ版1シート
USA - 1 sheet / 104×69 / 1962

アメリカ版ハーフシート
USA - Half sheet / 56×72 / 1962

イタリア版2シート
ITALY - 2 Fogli / 140×99 / 1962

西ドイツ版1シート / AW：クラウス・ディル
WEST GERMANY - 1 sheet / 84×58 / 1962 / AW: Klaus Dill

東ドイツ版1シート / AW: クルト・ゲファース
EAST GERMANY - 1 sheet / 82×58 / 1963 / AW: Kurt Geffers

日本版半裁
JAPAN - Hansai / 73×52 / 1962

私生活

日本版立看
JAPAN - Tatekan / 146×52 / 1962

ベルギー版
BELGIUM / 53×36 / 1962

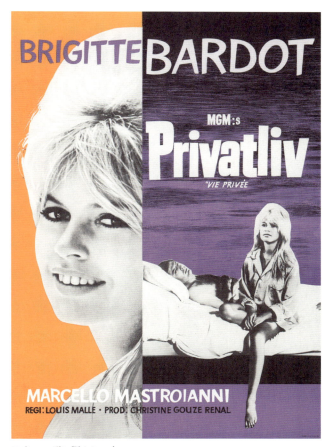

スウェーデン版1シート
SWEDEN - 1 sheet / 100×70 / 1962

Chapter 3 1960-1963 131

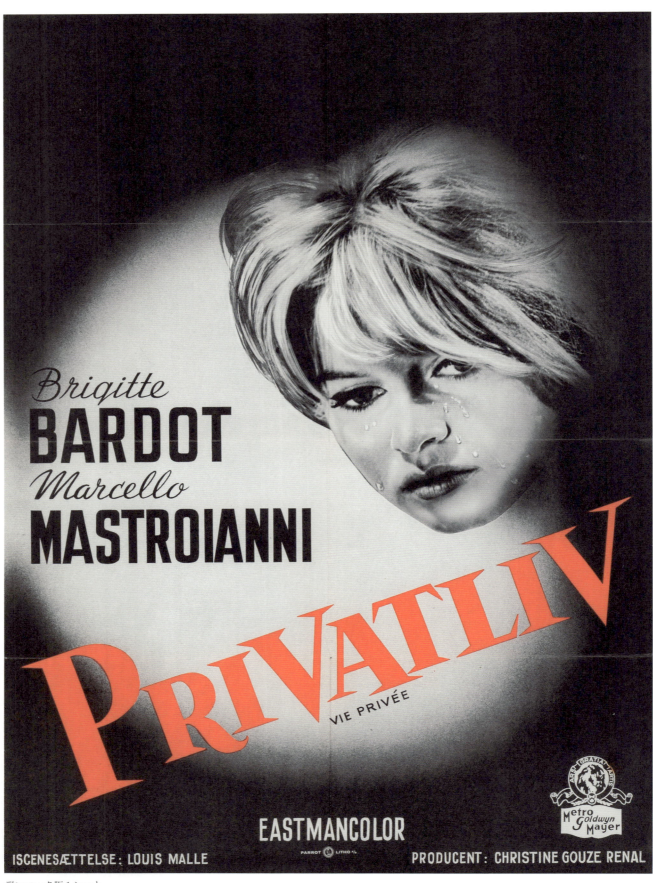

デンマーク版1シート
DENMARK - 1 sheet / 85×62 / 1962

私生活

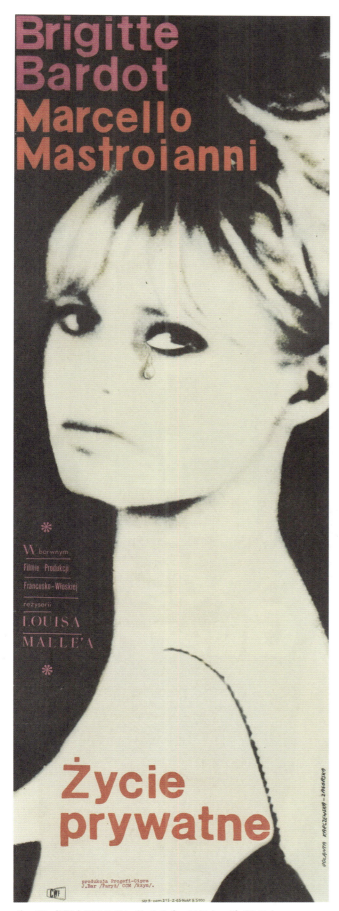

ポーランド版 / AW：ヨランタ・カルチェフスカ＝ザゴルスカ
POLAND / 83×29 / 1968 / AW: Jolanta Karczewska-Zagórska

ルーマニア版 1 シート
ROMANIA - 1 sheet / 70×48 / 1963

チェコ版 / AW：リチャード・フレムンド
CZECH / 41×30 / AW: Richard Fremund

Chapter 3 1960-1963

戦士の休息

Le Repos du Guerrier (仏) / Il Riposo del Guerriero (伊)

1962年／フランス・イタリア／102分／カラー／スコープ
共演：ロベール・オッセン、ジャン＝マルク・ボリー
監督：ロジェ・ヴァディム

フランス版グランデ：スタイルA／AW：ジョルジュ・アラール
FRANCE - Grande: style A / 160×120 / 1962 / AW: Georges Allard

フランス版グランデ：スタイルB / AW：ジョルジュ・アラール
FRANCE - Grande: style B / 160×120 / 1962 / AW: Georges Allard

西ドイツ版1シート / AW：ハンス・ブラウン
WEST GERMANY - 1 sheet / 84×58 / 1962 / AW: Hans Braun
※直線的ラインと配色でアクション映画のアートワークを得意としていたブラウンが一転、しなやかなタッチで描いたバルドー像。

戦士の休息

日本版半裁
JAPAN - Hansai / 73×52 / 1963

アルゼンチン版1シート
ARGENTINE - 1 sheet / 110×74 / 1963

ベルギー版
BELGIUM / 34×55 / 1962

Chapter 3 1960-1963

イタリア版 4 シート / AW：フランコ・フィオレンツィ
ITALY - 4 Fogli / 198×140 / 1962 / AW: Franco Fiorenzi

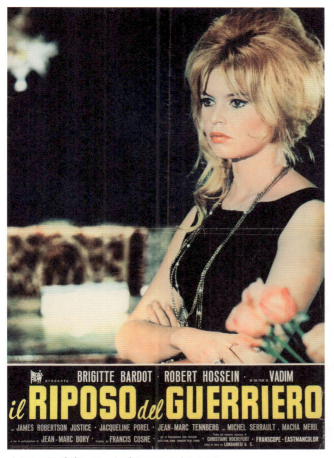
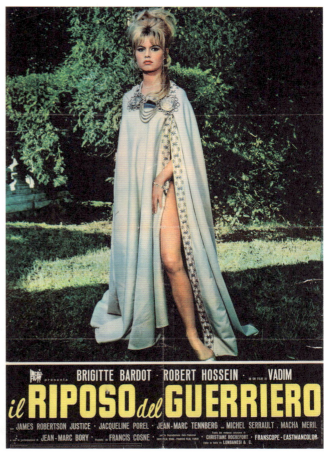

イタリア版ダブル・フォトブスタ：スタイルA＆B
ITALY - Double Fotobusta: style A & B / 94×66 / 1962

イタリア版フォトブスタ
ITALY - Fotobusta / 47×67 / 1962

軽蔑
Le Mépris（仏）/ Il disprezzo（伊）

1963年／フランス・イタリア／103分／カラー／スコープ
共演：ミシェル・ピコリ、ジャック・パランス
監督：ジャン＝リュック・ゴダール

日本版半裁 / AW：藍野純治
JAPAN - Hansai / 73×52 / 1964 / AW: Junji Aino

※パラマウント映画日本支社の宣伝部チーフデザイナーとして『ローマの休日』(53) など数々の名作をデザインした藍野純治。のちに他社宣伝部デザイナーだった大島弘義、上田忠男とともにデザイン会社エースを設立。日本ヘラルド映画や東和配給作品の宣材デザインを手掛けた。彼らが手掛けたアートワークの数々は、今見ても新鮮なコンセプトに満ちている。

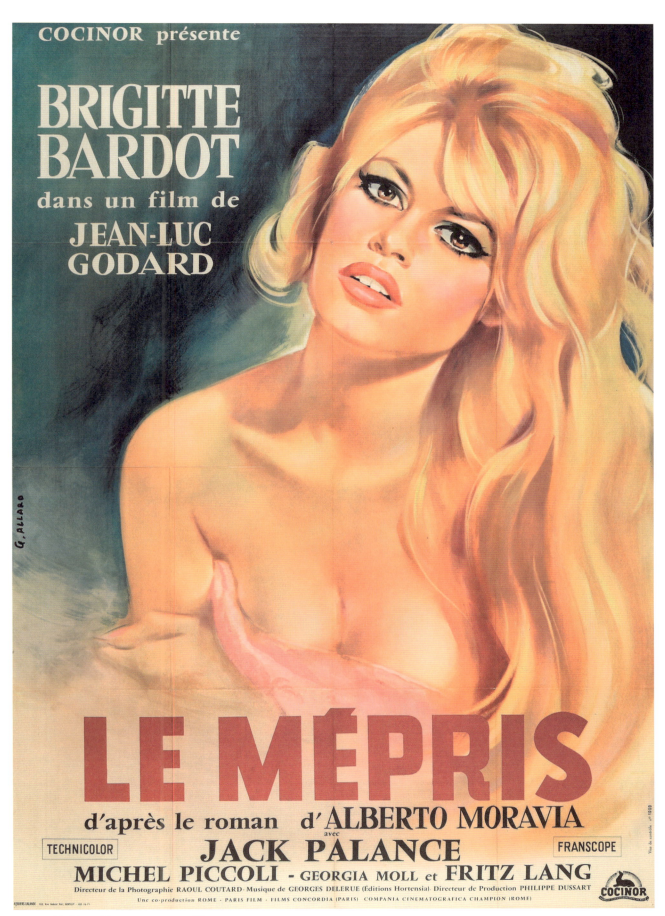

フランス版グランデ / AW:ジョルジュ・アラール
FRANCE - Grande / 160×120 / 1963 / AW: Georges Allard

※59年、サム・レヴィンと行われた歴史に残るフォトセッション「The Towel Session」で撮影されたポートレートを基に、イラストの名手アラールが完成させたバルドーの肖像。その圧倒的な存在感は公開当時から話題になり、今ではバルドー映画ポスターの代名詞となっている。

イタリア版4シート / AW: ジュリアーノ・ニストリ
ITALY - 4 Fogli / 198×140 / 1963 / AW: Giuliano Nistri

イタリア版ダブル・フォトブスタ
ITALY - Double Fotobusta / 94×66 / 1963

アメリカ版1シート
USA - 1 sheet / 104×69 / 1964

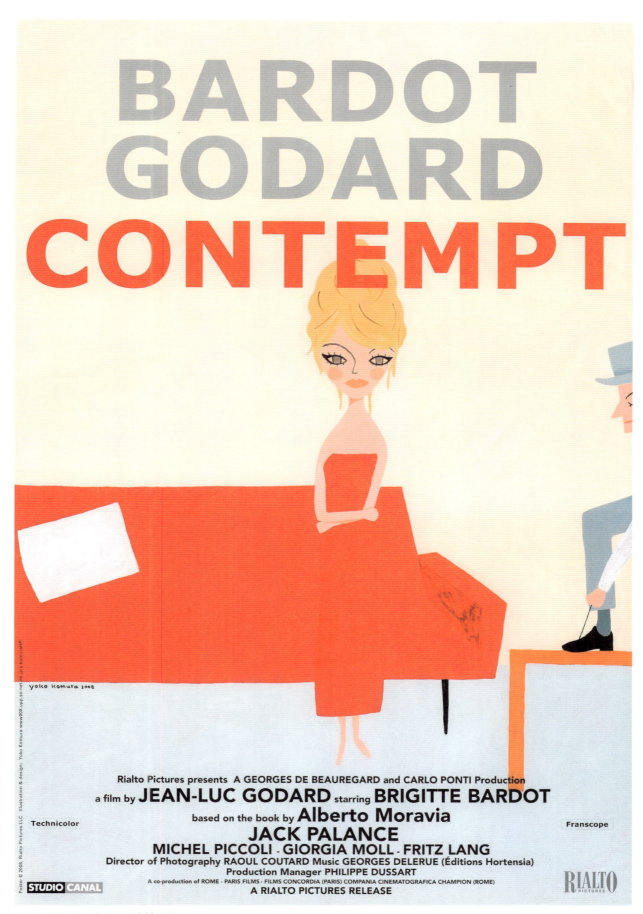

アメリカ版1シート / AW：古村耀子
USA - 1 sheet / 102×69 / R-2008 / AW: Yoko Komura

※日本人アーティストの古村耀子を起用した再公開版。本編内で印象的に描写された
シーツやソファ同様、「赤」の色使いが印象的なイラストレーション。

ベルギー版
BELGIUM / 37×54 / 1963

デンマーク版1シート / AW:アーゲ・マーティン・ルンドヴァルド
DENMARK - 1 sheet / 85×62 / 1964 / AW: Aage Martin Lundvald

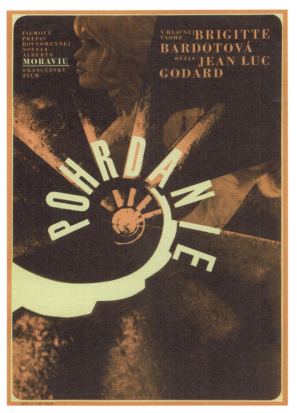

スロバキア版1シート / ズデネク・ツィーグラー
SLOVAKIA - 1 sheet / 84×57 / 1967 / AW: Zdenek Ziegler
※まったく同じデザインでチェコ版が存在するが、使用しているレタリングの違いで判別できる。

146

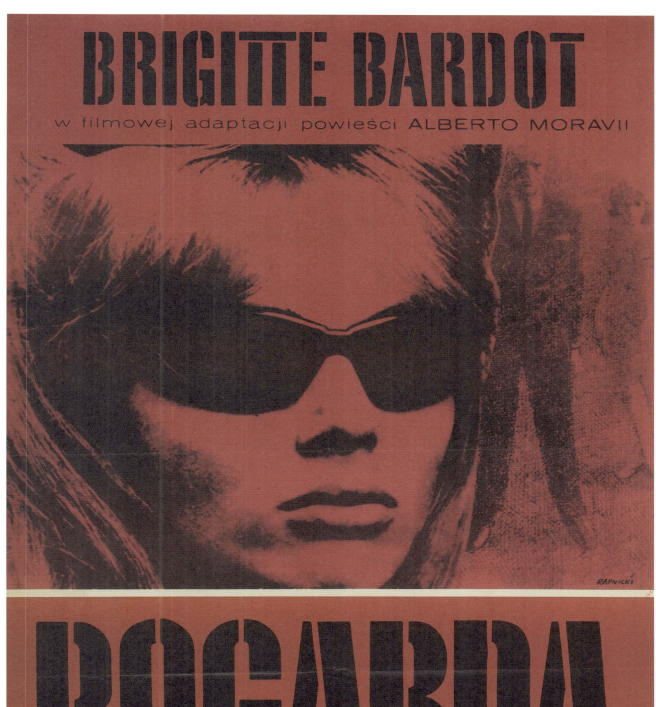

ポーランド版 1 シート / AW：ヤヌシュ・ラプニツキ
POLAND - 1 sheet / 84×58 / 1966 / AW: Janusz Rapnicki

Chapter 4
1964-1973

第4章："世界の恋人"の虚像、そして映画界引退まで 1964-1973

その美しさの絶頂にあるバルドーだったが、心の平安は依然として訪れなかった。興味が抱ける企画や惹かれる監督・俳優・アーティストとのコラボレーションは継続させながら、本数をセーブしつつ映画出演を続ける。演技者として数段上手とされたジャンヌ・モローやイタリアで「C.C.」と称された良きライバル、クラウディア・カルディナーレとの初共演も実現。セルジュ・ゲンズブールとの激しい恋を発火点として本格的な歌手活動もスタートし、「女優」「歌姫」「ファッション・アイコン」として時代を席巻する。自身の奔放さに忠実に生きながら、新たな恋や結婚を経験。変わらぬマスコミからのバッシングやゴシップ記事に神経をすり減らし、73年ついに女優引退を決意。動物の保護と愛護活動に己のすべてを捧げる人生の第二ステージに立つのだった。

『ラムの大通り』
日本版半裁
JAPAN – Hansai / 73×52 / 1972

すてきなおバカさん
Une ravissante idiote（仏）/ *Una adorabile idiota*（伊）

1964年／フランス・イタリア／105分／モノクロ／ヨーロピアン・ヴィスタ
共演：アンソニー・パーキンス、グルゴワール・アスラン
監督：エドゥアール・モリナロ

フランス版モワイエン / AW：クレマン・ユレル
FRANCE - Moyenne / 80×58 / 1964 / AW: Clément Hurel

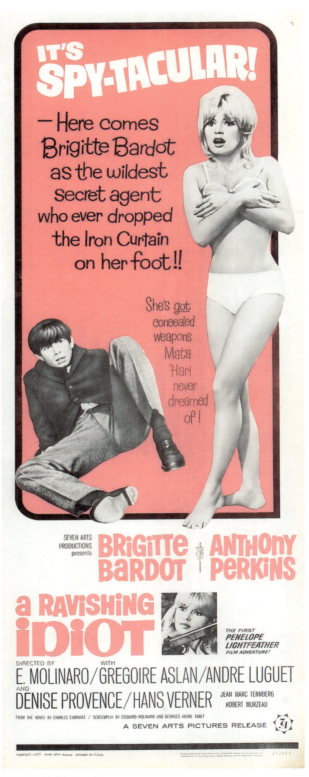

フランス版 2 パネル / AW：クレマン・ユレル
FRANCE - 2 Panels / 316×117 / 1964 / AW: Clément Hurel

アメリカ版インサート
USA - Insert / 91×36 / 1965

すてきなおバカさん

スペイン版1シート / AW：MCP（ラモン・マルティ＆ジョセップ・クラーベ＆エルナン・ピコ）
SPAIN - 1 sheet / 99×69 / 1965 / AW: MCP (Ramon Marti, Josep Clave, Hernan Pico)

ベルギー版
BELGIUM / 54×36 / 1964

西ドイツ版1シート / AW：レオ・ボサス
WEST GERMANY - 1 sheet / 84×58 / 1965 / AW: Leo Bothas

デンマーク版1シート / AW：ジョン・ステヴェノフ
DENMARK - 1 sheet / 85×62 / 1967 / AW: John Stevenov

Chapter 4 1964-1973   151

ビバ！マリア
Viva Maria!（仏、伊）

1965年／フランス・イタリア／120分／カラー／スコープ
共演：ジャンヌ・モロー、ジョージ・ハミルトン
監督：ルイ・マル

フランス版グランデ / AW：ジャック・ヴェシエ
FRANCE - Grande / 160×120 / 1965 / AW: Jacques Vaissier
※縦半分に裁断してそれぞれパンタロンとしても掲出された。

イタリア版フォトブスタ
ITALY - Fotobusta / 67×47 / 1966

Chapter 4 1964-1973   153

アメリカ版1シート：スタイルB
USA - 1 sheet: style B / 104×69 / 1966

※スタイルAはフランス版（P152）と同様のデザイン。

アメリカ版ハーフシート
USA - Half sheet / 56×71 / 1966

アメリカ版ロビーカード：2枚
USA - Lobby Card: 2 cards / 28×36 / 1966

ビバ！マリア

日本版立看
JAPAN - Tatekan / 146×52 / 1966

チェコ版 / AW：ウラジミール・ビドロ
CZECH / 41×30 / 1967 / AW: Vladimir Bidlo

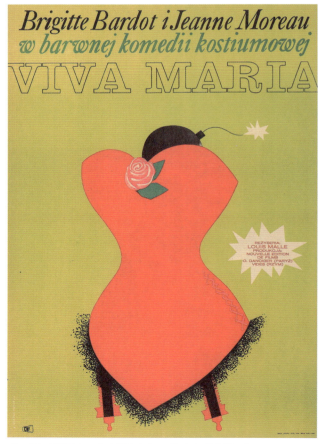

ポーランド版1シート / AW：レシェク・ホルダノヴィチ
POLAND - 1 sheet / 84×58 / 1966 / AW: Leszek Holdanowicz

156

ボクいかれたヨ!
Dear Brigitte

1965年／アメリカ／100分／カラー／スコープ
共演：ジェームス・スチュワート、ファビアン
監督：ヘンリー・コスター

イタリア版 2 シート / AW：エンツォ・ニストリ
ITALY - 2 Fogli / 140×99 / 1965 / AW: Enzo Nistri

日本版立看
JAPAN - Tatekan / 146×52 / 1966

ベルギー版 / AW:レイモン・"レイ"・エルゼビアーズ
BELGIUM / 65×40 / 1965 / AW: Raymond "Ray" Elseviers

西ドイツ版1シート / AW:ブルーノ・レハク
WEST GERMANY - 1 sheet / 84×58 / 1965 / AW: Bruno Rehak

チェコ版1シート / AW：ウラジミール・ビドロ
CZECH - 1 sheet / 81×57 / 1966 / AW: Vladimir Bidlo

※特別出演として本作に参加したバルドー。彼女の名前を出演者としてポスター上で告知しない宣伝規定があったが、
チェコ版では彼女の名前が堂々と印刷され、逆に主演スターのジェームス・スチュワートが省かれた。

セシルの歓び
Two Weeks in September（英）/ À cœur joie（仏）

1967年／イギリス・フランス／87分／カラー／スコープ
共演：ローラン・テルズィエフ、ジャン・ロシュフォール
監督：セルジュ・ブールギニョン

フランス版グランデ / AW: クレマン・ユレル
FRANCE - Grande / 157×118 / 1967 / AW: Clément Hurel

西ドイツ版1シート
WEST GERMANY - 1 sheet / 84×58 / 1967

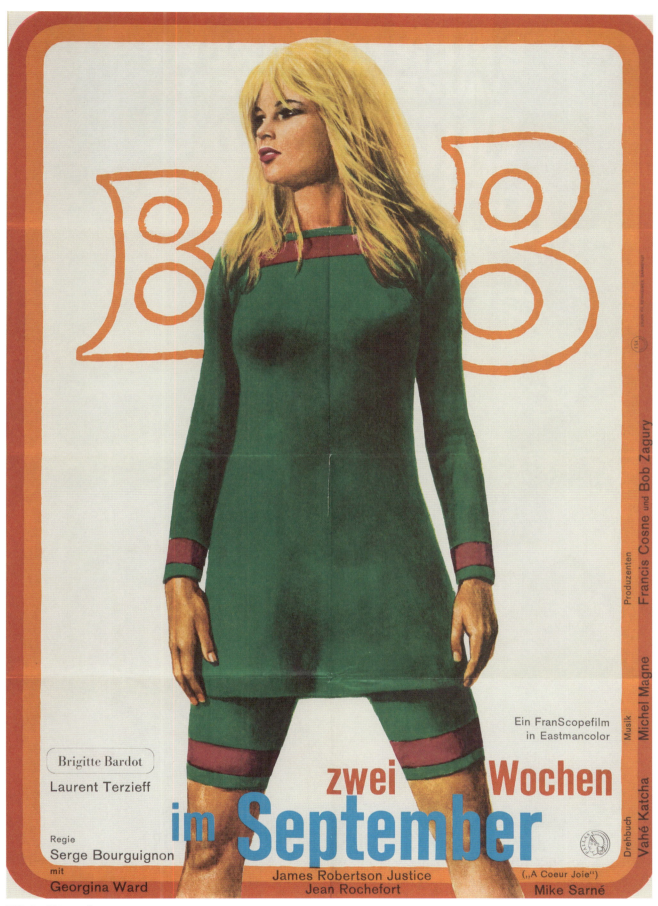

※他の出演者も映った宣伝用スチールからバルドー部分を切り抜き、人工着色とレタリングの秀逸なバランスで製作当時（67年）の刺激的な空気感を創出した傑作アートワーク。

Chapter 4 1964-1973

アルゼンチン版 1 シート / AW：エツィオ・タランテッリ
ARGENTINE - 1 sheet / 110×74 / 1967 / AW: Ezio Tarantelli
※タランテッリによるイタリア版アートワークがアルゼンチン公開版でも採用された。

セシルの歓び

日本版立看
JAPAN - Tatekan / 146×52 / 1967

ベルギー版
BELGIUM / 55×35 / 1967

アメリカ版 1 シート
USA - 1 sheet / 104×69 / 1967

Chapter 4 1964-1973

イギリス版クワッド
UK - Quad / 76×102 / 1967

デンマーク版1シート
DENMARK - 1 sheet / 86×62 / 1968

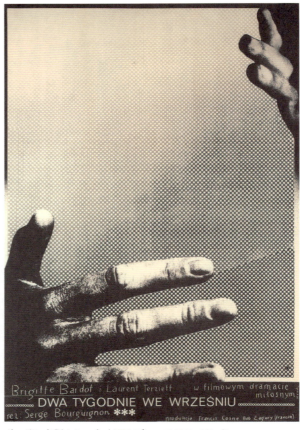

ポーランド版1シート / AW:ブロニスワフ・ゼレク
POLAND - 1 sheet / 83×58 / 1968 / AW: Bronislaw Zelek

セシルの歓び

イタリア版フォトブスタ：8枚セット
ITALY - Fotobusta: Set of 8 / 47×67 / 1967

世にも怪奇な物語
Histoires extraordinaires（仏）/ *Tre passi nel delirio*（伊）

1968年／フランス・イタリア／121分／カラー／ヴィスタ
共演：アラン・ドロン『影を殺した男』、テレンス・スタンプ『悪魔の首飾り』、ジェーン・フォンダ『黒馬の哭く館』　監督：ルイ・マル『影を殺した男』、フェデリコ・フェリーニ『悪魔の首飾り』、ロジェ・ヴァディム『黒馬の哭く館』

フランス版モワイエン / AW：ジョルジュ・アラール
FRANCE - Moyenne / 79×58 / 1969 / AW: Georges Allard

※ 60年にフランソワ・トリュフォー、ジャン＝リュック・ゴダール、エリック・ロメールらの参加によってエドガー・アラン・ポー原作のオムニバス企画が立ち上がったが頓挫。68年、別監督3名による本企画が成就した。バルドーはルイ・マルが担当した『影を殺した男』に出演、アラン・ドロンと二度目の共演を果たした。

イタリア版6シート / AW：ロドルフォ・ガスパリ
ITALY - 6 Fogli / 140×297 / 1969 / AW: Rodolfo Gasparri

ベルギー版
BELGIUM / 35×55 / 1969

Chapter 4 1964-1973

シャラコ

Shalako（英、米） / *Man nennt mich Shalako*（西独）

1968年／イギリス・アメリカ・西ドイツ／113分／カラー／スコープ
共演：ショーン・コネリー、スティーヴン・ボイド
監督：エドワード・ドミトリク

イギリス版クワッド / AW：トム・ウィリアム・シャントレル
UK - Quad / 76×102 / 1968 / AW: Tom William Chantrell

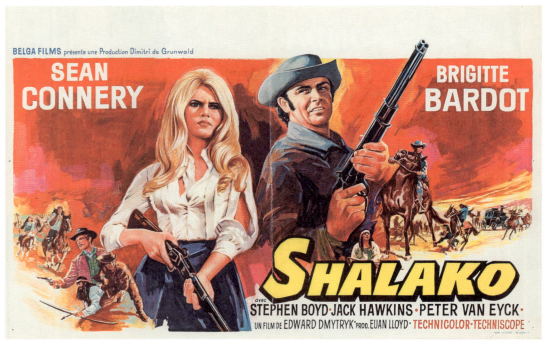

ベルギー版
BELGIUM /
36×54 / 1968

日本版立看
JAPAN - Tatekan / 146×52 / 1972

イタリア版2シート：バルドー版 / AW：ロドルフォ・ガスパリ
ITALY - 2 Fogli: Bardot style / 140×99 / 1968 / AW: Rodolfo Gasparri
※イタリアでは宣伝予算が潤沢にある大作公開の際、主要キャラクター別のポスターが制作されることがあった。

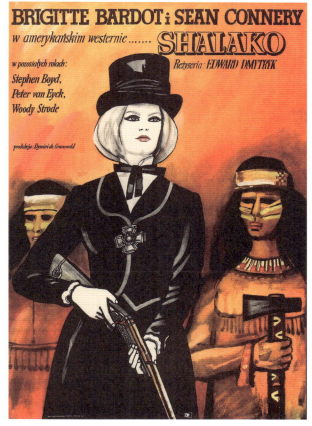

ポーランド版1シート / AW：マリアン・スタチュルスキ
POLAND - 1 sheet / 85×57 / 1970 / AW: Marian Stachurski

Chapter 4 1964-1973　169

今宵バルドーとともに
Spécial Bardot

1968年／フランス／47分／カラー／
スタンダード
共演：セルジュ・ゲンズブール、
　　　サッシャ・ディステル
監督：エディ・マタロン、
　　　フランソワ・ライシェンバック

日本版B3サイズ
JAPAN - B3 size / 52×36 / 1969

※ 67年11月21日にフランスで放送されたテレビ用特番「Spécial Bardot」。翌年テレフィルム（劇場用）が制作され、日本では東和配給により69年に公開された。ポスターの四隅にピンを押すポイント「PIN」が予め印刷された遊び心あるデザイン。このサム・レヴィン撮影によるバルドー後期を代表する有名なポートレートは彼女のレコード・ジャケットでも使用された。

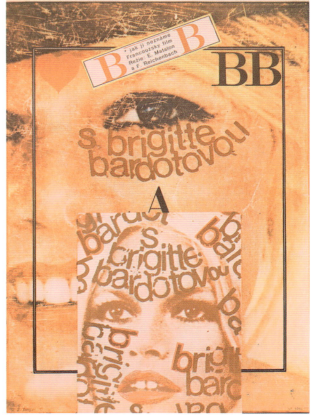

チェコ版／
AW：ズデネク・ツィーグラー
CZECH / 40×29 / 1970 /
AW: Zdenek Ziegler

女性たち
Les Femmes (仏、伊)

1969年／フランス・イタリア／86分／カラー／スコープ
共演：モーリス・ロネ、クリスティーナ・オルム
監督：ジャン・オーレル

フランス版モワイエン / AW：ジャン＝クロード・ラブレ
FRANCE - Moyenne / 80×60 / 1969 / AW: Jean-Claude Labret

イタリア版 2 シート
ITALY - 2 Fogli / 140×99 / 1969

女性たち

イタリア版 4 シート / AW：ティノ・アヴェッリ
ITALY - 4 Fogli / 198×140 / 1969 / AW: Tino Avelli
※サム・レヴィン撮影によるバルドーとのセッション写真を基にアヴェッリがイラストを描き起こした。背景色や作品ロゴの色彩配置にセンスが感じ取れるアートワーク。

気まぐれに愛して
L'ours et la poupée

1970年／フランス／90分／カラー／ヨーロピアン・ヴィスタ
共演：ジャン＝ピエール・カッセル、ダニエル・チェカルディ
監督：ミシェル・ドヴィル

フランス版グランデ / AW：サイネティ
FRANCE - Grande / 160×120 / 1970 / AW: Sinety

日本版立看
JAPAN - Tatekan / 146×52 / 1971

イタリア版4シート / AW：マッシモ・デ・ロッシ
ITALY - 4 Fogli / 198×140 / 1970 / AW: Massimo De Rossi

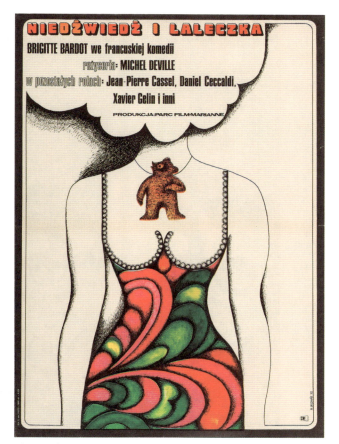

ポーランド版1シート / AW：ハンナ・ボドナー
POLAND - 1 sheet / 83×58 / 1972 / AW: Hanna Bodnar

Chapter 4 1964-1973 175

気まぐれに愛して

ベルギー版
BELGIUM / 36×55 / 1970

ハンガリー版1シート / AW：M・G・ジュディス
HUNGARY - 1 sheet / 82×57 / 1971 / AW: M.G. Judith

ルーマニア版1シート
ROMANIA - 1 sheet / 67×50 / 1971

パリは気まぐれ
Les novices

1970年／フランス／80分／カラー／スコープ
共演：アニー・ジラルド、ジェス・ハーン
監督：ギイ・カサリール、クロード・シャブロル（クレジットなし）

日本版半裁
JAPAN - Hansai / 73×52 / 1972

ラムの大通り

Boulevard du Rhum（仏）/ *La via del rhum*（伊）/
El bulevar del ron（西）

1971年／フランス・イタリア・スペイン／125分／カラー／
ヨーロピアン・ヴィスタ
共演：リノ・ヴァンチュラ、ビル・トラヴァース
監督：ロベール・アンリコ

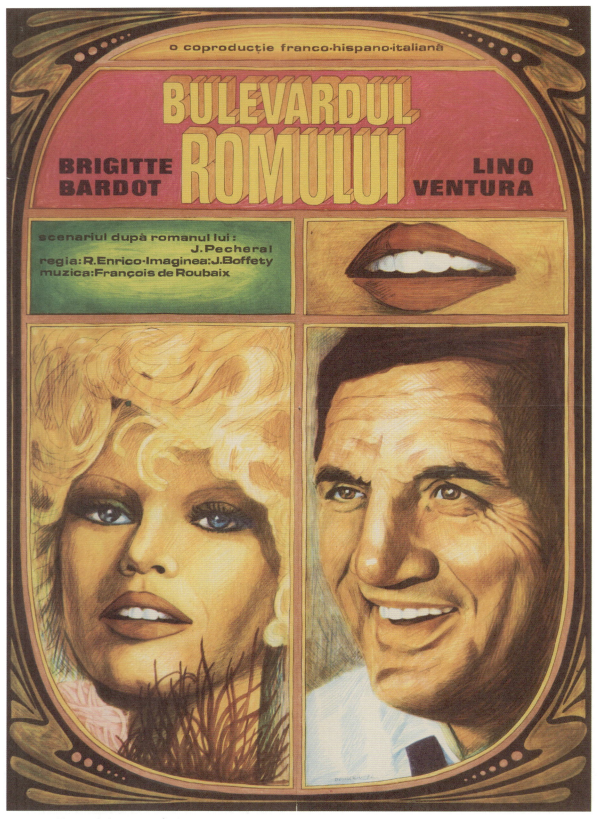

ルーマニア版1シート / AW：ヤコブ・デジデリウ
ROMANIA - 1 sheet / 67×48 / 1972 / AW: Jakob Desideriu

※児童書の挿絵を描いて活躍していたルーマニアのアーティスト、デジデリウによる
幻想的でありながら暖かさも感じる不思議な魅力に満ちたアートワーク。

日本版立看
JAPAN - Tatekan / 146×52 / 1971

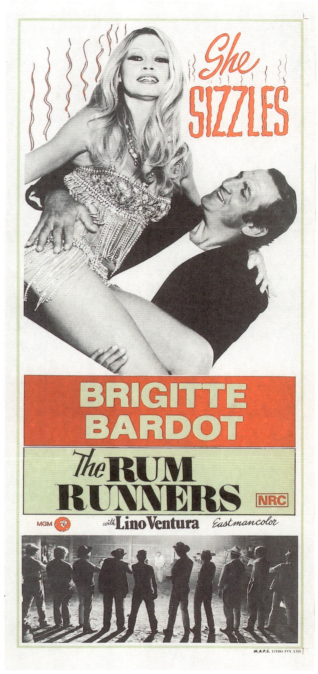

オーストラリア版デイビル
AUSTRALIA - Daybill / 76×34 / 1971

Chapter 4 1964-1973　179

フランス版グランデ：スタイルA＆B /
AW：シャルル・ラウ
FRANCE - Grande: style A & B /
160×120 / 1971 /
AW: Charles Rau

フランス版モワイエン：スタイルA＆B / AW：シャルル・ラウ
FRANCE - Moyenne: style A & B / 60×80 / 1971 / AW: Charles Rau

ラムの大通り

イタリア版ロカンディーナ / AW:サンドロ・シメオーニ
ITALY - Locandina / 70×33 / 1972 / AW: Sandro Symeoni

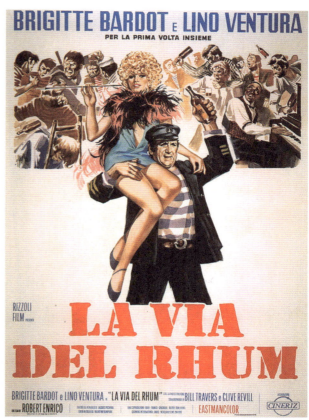

イタリア版2シート / AW:サンドロ・シメオーニ
ITALY - 2 Fogli / 140×99 / 1972 / AW: Sandro Symeoni

ベルギー版
BELGIUM / 55×36 / 1972

Chapter 4 1964-1973

華麗なる対決

The Legend of Frenchie King（英）/ *Les Pétroleuses*（仏）/ *Le pistolere*（伊）/ *Las petroleras*（西）

1971年／イギリス・フランス・イタリア・スペイン／94分／カラー／ヴィスタ
共演：クラウディア・カルディナーレ、マイケル・J・ポラード
監督：クリスチャン＝ジャック

日本版スピード
JAPAN - Speed / 73×26 / 1972

※スピードとは半裁の縦1/2の大きさ。「世界の恋人BB」に対して「世紀のグラマーCC」としたカルディナーレ版も別途制作された。

日本版立看
JAPAN - Tatekan / 146×52 / 1972

182

イギリス版クワッド / AW：ブライアン・バイサウス
UK - Quad / 76×102 / 1971 / AW: Brian Bysouth

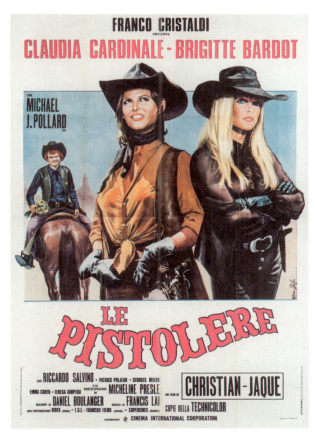

イタリア版2シート / AW：エンツォ・ニストリ
ITALY - 2 Fogli / 140×99 / 1972 / AW: Enzo Nistri

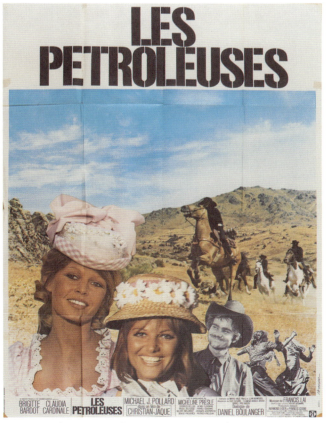

フランス版グランデ：スタイルB / AW：ジャック・ヴェシエ
FRANCE - Grande: style B / 160×120 / 1971 / AW: Jacques Vaissier

Chapter 4 1964-1973   183

ドンファン

Don Juan ou Si Don Juan était une femme… (仏) /
Una donna come me (伊)

1973年／フランス・イタリア／90分／カラー／
ヨーロピアン・ヴィスタ
共演：ロベール・オッセン、ジェーン・バーキン
監督：ロジェ・ヴァディム

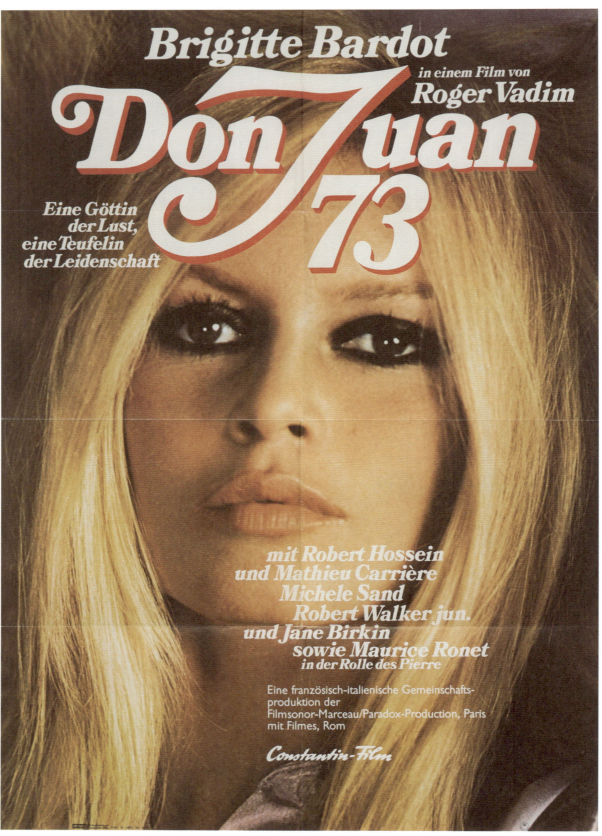

西ドイツ版1シート
WEST GERMANY - 1 sheet / 84×58 / 1973

フランス版グランデ
FRANCE - Grande / 160×120 / 1973

スペイン版1シート / AW:マカリオ・ゴメス・キブス（マック）
SPAIN - 1 sheet / 100×70 / 1973 / AW: Macario Gomez Quibus (Mac)

イタリア版4シート
ITALY - 4 Fogli / 198×140 / 1973

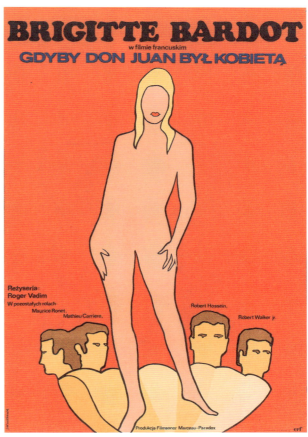

ポーランド版1シート / AW:ヤツェク・ノイゲバウアー
POLAND - 1 sheet / 81×58 / 1975 / AW: Jacek Neugebauer

Chapter 4 1964-1973

スカートめくりのコリノのとても素敵なとても楽しい物語
L'Histoire très bonne et très joyeuse de Colinot Trousse-Chemise

1973年／フランス／105分／カラー／ヨーロピアン・ヴィスタ
共演：ナタリー・ドロン、ベルナデット・ラフォン　監督：ニナ・コンパネーズ

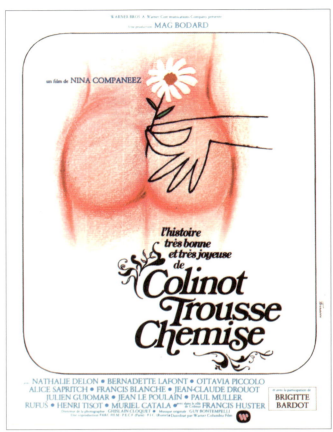

フランス版グランデ / AW：ルネ・フェラッチ
FRANCE - Grande / 160×120 / 1973 / AW: René Ferracci

アルゼンチン版１シート
ARGENTINE - 1 sheet / 104×65 / 1973

イタリア版２シート / AW：ピエロ・エルマンノ・イアイア
ITALY - 2 Fogli / 140×99 / 1974 / AW: Piero Ermanno Iaia

イタリア版４シート
ITALY - 4 Fogli / 198×140 / 1974

スクリーンで花咲いた22年間、彼女の輝きは時代を超越した──

　その短い女優活動期間中、不滅の煌めきを世界中の観客に届けたバルドー。類まれな個性と魅力に溢れた美しさは伝説となり、現在でも世界中で彼女の出演作が鑑賞されている。90歳を迎えた現在も動物保護活動家として、世界に向けて発信している彼女の人生。その唯一無二の生き方は、多くの人々に「勇気」と「人生のヒント」を与えてくれた。
Vive Brigitte Bardot! À jamais et pour toujours...

『月夜の宝石』
イタリア版スペシャル
ITALY – Special / 47×35 / 1958

バルドーを華麗なイラストレーションで彩った世界のアーティスト紹介

アルナルド・プッツ
Arnaldo Putzu P34, 89

1927年、イタリアのローマ生まれ。ローマ美術アカデミーで学んだ後、ミラノでイラストレーションの仕事を始める。48年からポスターアーティストのエンリコ・デ・セタに従事し、イタリア映画ポスター業界におけるキャリアをスタートさせた。『カビリアの夜』（1957）がこの時代の代表作。60年代に入り、イギリスの映画制作・配給会社ランク社にスカウトされたプッツは、移住先のイギリスにおいて数々の傑作ポスターを世に放った。なかでもスティーヴ・マックィーン主演作『華麗なる賭け』（68）とマイケル・ケイン主演作『狙撃者』（71）は彼の最高傑作といわれている。2012年死去。

ベニー・スティリング
Benny Stilling P22, 31, 45

1940〜60年代にかけてキャリアを積んだデンマークを代表するポスターアーティスト。俳優の姿をしっかりとした輪郭で背景から切り離し、パウダーブルー、ライトグリーン、ピンクなどのパステル調の背景色を合わせた特徴的なスタイルを確立し、60年代に彼の才能が花咲いた。本書のバルドーをはじめ、『七年目の浮気』（1955）『お熱いのがお好き』（59）『恋をしましょう』（60）のマリリン・モンロー、『ローマの休日』（53）のオードリー・ヘプバーンなどのスター女優を印象深いデザインで表現した。また『忘れられた人々』（50）『ミラノの奇蹟』（51）『マダムと泥棒』（55）『大人は判ってくれない』（59）『情事』（60）『去年マリエンバートで』（61）などヨーロッパ作品でも名作アートワークを放った。生年月日および逝去日不明。

ブルーノ・レハク
Bruno Rehak P17, 31, 32, 53, 78, 92, 100, 108, 109, 158

1910年、チェコスロヴァキアのプラハ生まれ。画家でもあるレハクは、35年にプラハ美術アカデミーを卒業後、映画ポスター制作を始めた。50〜60年代が創作の最盛期で、『グレン・ミラー物語』（1954）『夜の豹』（57）『グレート・レース』（65）『俺たちに明日はない』（67）『猿の惑星』（68）などのハリウッド作品から、『ポーギーとベス』（59）『地下鉄のザジ』（60）『水の中のナイフ』（62）『気狂いピエロ』『黄金の七人』（ともに65）など非ハリウッドやヨーロッパ作品まで印象深いアートワークを数多く創出。西ドイツの映画ポスター史に欠かせない名匠となった。77年死去。

クレマン・ユレル
Clément Hurel P25, 31, 36, 97, 114, 115, 149, 150, 160

1927年、フランスのナンシー生まれ。ゴーモン、RKO、ソシエテ・ヌーヴェル・ド・シネマトグラフィ、ハマー・フィルム作品などを担当。46年に公開されたオーソン・ウェルズ監督作『ストレンジャー』でポスターアーティストとしてデビューし、80年代後半まで40年以上にわたり活動した。写実的スタイルから、軽やかでユーモラスな作風まで時代とともにデザインを移行させながら、生涯で1500以上もの映画と広告ポスターをデザインし、20世紀後半のフランスで最も多作な映画ポスターの作家の一人となった。とくにヌーヴェル・ヴァーグ作品でその才能を発揮し、『勝手にしやがれ』（1960）における2種類のアートワーク（スチールのコラージュ版とイラスト版）で後世にその名を残した。2008年死去。

ジョルジュ・アラール
Georges Allard P22, 134, 135, 141, 166

1911年生まれ。ジルベルト・アラール（Gilbert Allard）とも名乗るフランスの画家兼ポスターアーティストで、40〜60年代にかけて映画ポスターを多く手掛けた。『青い麦』（1954）『白夜』（57）『恋人たち』（58）『黒いオルフェ』（59）『戦士の休息』（62）『ブーベの恋人』『大脱走』『あなただけ今晩は』（いずれも63）『小間使いの日記』（64）『ドクトル・ジバゴ』『シンシナティ・キッド』『ガラスの墓標』（いずれも65）など、100枚以上のアートワークを創出。本書P141に掲載した『軽蔑』（63）が彼のキャリアを通じての代表作となった。80年死去。

ジュリアーノ・ニストリ
Giuliano Nistri P122-124, 142

1923年、イタリアのローマ生まれ。新聞社の風刺イラストレーターとして活動後、ポスターアーティストに転身。見事な色彩のグラデーションと緻密な人物の書き込みでハリウッド作品からイタリア映画まで多彩な作品を手掛け、『めまい』（1958）『北北西に進路を取れ』（59）『ティファニーで朝食を』『片目のジャック』（ともに61）『007は殺しの番号』『ハタリ！』『戦艦バウンティ』（いずれも62）『召使』（63）『マイ・フェア・レディ』（64）『サウンド・オブ・ミュージック』（65）『砲艦サンパブロ』（67）『猿の惑星』（68）などで、筆を執った。『異邦人』（67）『地獄に堕ちた勇者ども』（69）『ルートヴィヒ』（72）『家族の肖像』（74）におけるルキノ・ヴィスコンティとのコラボレーションは後年期の代表作といえる。弟エンツォ・ニストリ（P157、183）も同じくポスターアーティストとなり、兄弟共々高名になったため、彼らの作品はたびたび混同される。2008年死去。

野口久光
Hisamitsu Noguchi P23, 57, 71

1909年、日本の栃木県生まれ。東京美術学校（現：東京藝術大学）卒業後、33年にヨーロッパ映画を輸入・配給していた

東和商事映画部図案部に入社。『制服の処女』(33)を皮切り
に『にんじん』(32)『商船テナシチー』(34)『望郷』(37)
など戦前を代表する名作ポスターアートワークを創出。戦
後にかけても独特のイラストタッチと手書きのレタリング
により、一目で彼の作品と分かる傑作ポスターが続々と生み
出された。日本が世界に誇る才人として、映画ポスターを芸
術の域まで昇華させたアーティスト。ジャズへの造詣も深
く、映画プロデュースや映画評執筆でもその才能を発揮し
た。94年死去。

イジニオ・ラルダニ
Iginio Lardani   P18, 19

1924年、イタリアのアスコリ・ピチェーノ生まれ。独学で絵
画を学び25歳でローマに渡り、ポスターデザインの世界へ。
『真昼の決斗』(1952)などポスター制作の傍ら、タイトル・
デザイナーとしても活動した。セルジオ・レオーネの「ドル
三部作」(64〜66)や『カサノヴァ'70』(65)、『ケマダの戦い』
(69)、『特別な一日』(77)などのオープニングを担当してい
る。88年死去。

ジャン・マッシ
Jean Mascii   P15, 55, 120, 121

1926年、イタリアのミランドラ生まれ。表情豊かな人物イ
ラスト、写実的な背景の描き込みが高く評価され、50年代か
らフランスを代表するアーティストとして1500枚以上の映
画ポスターを制作した。舵を取るアラン・ドロンの野心み
なぎる表情が印象的な『太陽がいっぱい』(1960)が代表作。
『賭博師ボブ』(56)『カビリアの夜』(57)『隠し砦の三悪
人』(58)『顔のない眼』(59)『ローラ』(61)『アルファヴ
ィル』(65)『尼僧物語』(59)『007／ゴールドフィンガー』
『サーカスの世界』(ともに64)『夕陽のガンマン』(65)
『続・夕陽のガンマン』(66)『砲艦サンパブロ』(67)『猿の
惑星』(68)『シノーラ』(72)『フィツカラルド』(82)など
幅広いジャンルでその才能を発揮した。2003年死去。

ルッツ・ペルツァー
Lutz Peltzer   P54

1924年、ドイツのマンハイム生まれ。西ドイツ映画ポスタ
ー界を代表するアーティストの一人。『戦争と平和』(1956)
や『ティファニーで朝食を』(61)ではオードリー・ヘプバ
ーンの繊細さを、『エル・ドラド』(66)『アイガー・サンク
ション』(75)などのアクション映画では男くさい骨太なラ
インを駆使し、ジャンルや作品によって筆タッチを使い分
けた。西ドイツでは60〜70年代前半にかけてハリウッド作
品の再公開がさかんに行われたが、『麗しのサブリナ』(54：
R-61)『知りすぎていた男』(59：R-64)『黒いオルフェ』

(59：R-72)『サイコ』(60：R-72)『スパルタカス』(60：
R-70年代)『ネバダ・スミス』(60：R-72)などペルツァー
が手掛けた再公開時アートワークは高く評価されている。
2013年死去。

ルネ・ペロン
René Péron   P7, 19, 46

1904年、フランスのパリ生まれ。フランス映画ポスター界
で30〜60年代にかけて、独自のイラストタッチで名を馳せ
た。『キングコング』(1933)『黄金』(48)『地上より永遠
に』(53)『ケイン号の叛乱』(54)『スパルタカス』(60)など
のハリウッド作品、『ブローニュの森の貴婦人たち』(45)
『のんき大将 脱線の巻』(48)『フレンチ・カンカン』(55)
『ノートルダムのせむし男』(56)などフランス映画の名作
まで、その特徴あるイラストで映画作家からも人気が高かっ
た。後年は児童書の挿絵も多く手掛けている。72年死去。

ロドルフォ・ガスパリ
Rodolfo Gasparri   P9, 12, 33, 167, 169

1938年、イタリアのカステルフィダルド生まれ。ローマで
犯罪小説の表紙イラストレーターとして活躍し、スケッチや
水彩画に才能を発揮。映画ポスター界では60年代を中心に
活動。セルジオ・レオーネの『夕陽のガンマン』(1965)『ウ
エスタン』(68)『夕陽のギャングたち』(71)、また『ダーリ
ング』『気狂いピエロ』(ともに65)『続・荒野の用心棒』『ネ
バダ・スミス』(ともに66)などのアートワークがポスター
コレクターから高く評価されている。黒澤明の『天国と地
獄』(63)や小林正樹の『上意討ち 拝領妻始末』(67)など日
本映画のアートワークも多く手掛けた。81年死去。

サンドロ・シメオーニ
Sandro Symeoni   P51, 66, 181

1928年、イタリアのフェラーラ生まれ。地元の美術学校を
卒業後、新聞社で風刺画担当として経験を積む。50年、ロー
マに移住し映画ポスターデザインのキャリアをスタートさ
せた。絵画性と形式美に長けたイラストが業界内でも有名
になり、フェデリコ・フェリーニの『甘い生活』(1960)イタ
リア版4シート用に描いた、主要人物が夜のローマ広場に集
う壮大なイラストが印象に残る傑作となった。他にもピエ
ル・パオロ・パゾリーニの『アッカトーネ』(61)『カンタベ
リー物語』(71)や、アンディ・ウォーホル監修の『トラッシ
ュ』(70)、ダリオ・アルジェントの『サスペリア2』(75)な
どで印象的な仕事をした。2007年死去。

さいごに

美しさ、強さ、自由、そして新しい女性像の すべてが詰まった"バルドー"という現象を、 映画ポスターでたどる旅。

1950年代から70年代、スクリーンを超えて時代のアイコンとなった彼女は 「自由の象徴＝新しい女性像」となった。

　つねづね歯に衣着せぬ発言が多かったブリジット・バルドーは自伝「ブリジット・バルドー自伝 イニシャルはBB」（早川書房刊）の中で、自分の人生に登場した数多くの恋人たち、監督や共演者たちを辛辣に情け容赦なく描写しました。自身の出演作についても同様で、名声を得れば得るほど自身のプライバシーを犠牲にする状況に陥る中、自分と生活をともにする人々や動物たち、そして自身の生活維持用のギャラを稼ぐため、仕方なく契約書にサインした諸作品についても触れています。彼女の出演作は出来不出来の差が激しいと思いますが、私が約30年間にわたりバルドーの映画ポスターを収集して感じたことは、「どんな駄作でもアートワーク的には傑作が多い」ということです。なぜならそれらポスターはバルドーを宣伝するためだけに存在し、彼女こそは世界最高の被写体モデルだったからです。国ごとに異なるバルドー像、そして時代を映し出すデザインの変遷が、それぞれの価値観や美意識を映し出している映画ポスターの世界。各国のイラストレーターやデザイナーがバルドーに抱く強いシンパシーが一枚一枚のポスターから感じられます。今から半世紀以上も前のアートワークが本書で再生することで、映画会社宣伝部の苦心が窺えるユーモラスな惹句（キャッチコピー）の数々、そして出演者や監督たちの面影にも思いを馳せて頂けたら光栄です。

　「映画の顔」であると同時に「失われし芸術（アート）」でもある映画ポスターは、その輝きに魅了されたコレクターたちによって世界各国で収集・保管されています。総合芸術でありながら、一方では巨大なエンタテインメント・ビジネスでもある映画。国ごとに社会性の違いを反映し、プロデューサーや配給会社宣伝部の戦略、デザイナーが持つ個性的なクリエイティビティとの折衷・化学反応を経て、ようやく印刷され、世に出たポスターからは一種の気品さえ感じられます。しかし宣伝期間が終了すると同時に廃棄されるか、新しいポスターに張り替えられる運命が待っているのです。そんな映画ポスターたちを「記憶」のみに留まらず、「記録」に残すことは映画本編の保存とともに重要な意義を持つと私は考えます。映画ポスターを「映画遺産」として現代、そして未来に継承していく「シネマ サクセション」活動を継続し、今後も映画ポスターの魅力を皆様とシェアさせて頂きたいと心から願っております。

井上由一

編者紹介

井上由一（いのうえ・よしかず）

大学時代から映画業界に入り、映画配給会社や広告代理店勤務を経て、現在も外国映画の配給事業に携わる。業務の傍ら、映画ポスター・コレクターとしても活動。日本版に限らず、諸外国のオリジナル版も収集するため、アメリカ・ヨーロッパを中心に各国ディーラー、コレクターとのネットワークを構築。映画宣伝における"顔"ともいえるポスターの魅力を様々なメディアで紹介している。『オードリー・ヘプバーン 映画ポスター・コレクション』『スティーブ・マックイーン ヴィンテージ映画ポスター・コレクション』『ロック映画ポスター ヴィンテージ・コレクション』『アメリカン・ニューシネマ 70年代傑作ポスター・コレクション』『スタンリー・キューブリック 映画ポスター・アーカイヴ』『ヌーヴェル・ヴァーグの作家たち オリジナル映画ポスター・コレクション』『アンドレイ・タルコフスキー オリジナル映画ポスターの世界』『ゴッドファーザー 映画ポスター エッセンシャル・コレクション』『ポール・ニューマン オリジナル映画ポスター・コレクション』をDU BOOKSより刊行。また『アラン・ドロン オリジナル映画ポスターの世界』がトゥーヴァージンズより25年5月に刊行予定。

ブリジット・バルドー 映画ポスター・コレクション
～世界がB.B.に恋した時代～

初版発行	2025年4月25日
編集	井上由一
デザイン	川畑あずさ
ポスター撮影	藤島　亮
制作	飯島弘規＋稲葉将樹（DU BOOKS）
発行者	広畑雅彦
発行元	DU BOOKS
発売元	株式会社ディスクユニオン
	東京都千代田区九段南3-9-14
	［編集］TEL.03.3511.9970　FAX.03.3511.9938
	［営業］TEL.03.3511.2722　FAX.03.3511.9941
	https://diskunion.net/dubooks/
印刷・製本	シナノ印刷

ポスター提供
Yoshikazu Inoue & BB Poster Collection

協力（順不同・敬称略）
Jon Schwartz
Alexandre Boyer

参考文献
Art of the Modern Movie Poster（Chronicle Books刊）
french new wave a revolution in design（Reel Art Press刊）
ブリジット・バルドー自伝 イニシャルはBB（早川書房刊）

※本書掲載ポスターは著作権法32条に則り、引用しております。
All posters on this book from Yoshikazu Inoue & BB Poster Collection.
All rights belong to their respective artists/studios.

ISBN 978-4-86647-236-2
PRINTED IN JAPAN
©2025 Yoshikazu Inoue / diskunion

万一、乱丁落丁の場合はお取替えいたします。
定価はカバーに記しております。
禁無断転載

本書の感想をメールにて
お聞かせください。
dubooks@diskunion.co.jp

DU BOOKS

ポール・ニューマン オリジナル映画ポスター・コレクション
ポスター・アートで見る〈反骨のヒーロー〉の肖像
井上由一 編

俳優デビュー70周年（『銀の盃』）＆生誕100周年特別企画！
『ハスラー』『暴力脱獄』『明日に向って撃て！』『スティング』『タワーリング・インフェルノ』『評決』といった名作で知られる〈ハリウッドの反逆児〉の軌跡をビジュアルで振り返るとともに、映画史に残るポスター・デザインも楽しめる、愛蔵版アート・ブック。
完全限定生産1,000部。

本体3800円+税　A4　208ページ（オールカラー）

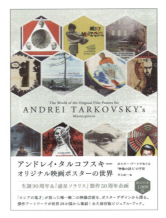

アンドレイ・タルコフスキー オリジナル映画ポスターの世界
ポスター・アートでめぐる"映像の詩人"の宇宙
井上由一 編

生誕90周年 ＆『惑星ソラリス』製作50周年記念出版！
巨匠タルコフスキーの抒情的・夢幻的な世界をポスター・デザインから紐解く、日本オリジナル企画！　全監督作品に加え、脚本参加作品やドキュメンタリー、映画祭のポスターまで、幅広く網羅。公開時の宣伝用スチール、プレスブックなど貴重な資料も収録。
完全限定生産1,000部。

本体3500円+税　A4　192ページ

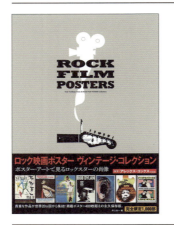

ロック映画ポスター ヴィンテージ・コレクション
ポスター・アートで見るロックスターの肖像
井上由一 編　アレックス・コックス 序文

あのアレックス・コックス（『シド・アンド・ナンシー』監督）が序文寄稿!!
ロックを映画は、どう表現してきたのか？　"MUSIC makes MOVIES"をキーワードに、ポスター・アートワークの傑作群を俯瞰できる1冊。貴重なコレクションが世界20か国から一堂に集結！　掲載数400枚超えの永久保存版ビジュアル・ブック。
完全限定生産1,000部。

本体3500円+税　A4　224ページ（オールカラー）

鈴木敏夫×押井守 対談集 されどわれらが日々
鈴木敏夫+押井守 著

『君たちはどう生きるか』（第96回米アカデミー賞 長編アニメーション映画賞受賞）を"宣伝なき宣伝"で大ヒットさせた、スタジオジブリのカリスマプロデューサー鈴木敏夫と、世界的に評価される作品を作り続けてきた映画監督押井守による初の対談集。
君は、そこまで言うのか!?　忖度いっさいなし。"悪友"同士が語りつくす、40余年の愛憎。仕事観、人生観、旅、思い出……アニメと映画の未来まで。

本体2800円+税　A5　392ページ　好評3刷！